Topos plus **Taschenbücher**
Band 471

Gottfried Hierzenberger

Der Glaube der Chinesen und Japaner

Topos plus Taschenbücher

Topos plus Verlagsgemeinschaft

Butzon & Bercker, Kevelaer | Don Bosco, München
Echter, Würzburg | Verlag Katholisches Bibelwerk, Stuttgart
Lahn-Verlag, Limburg Kevelaer | Matthias-Grünewald-Verlag, Mainz
Paulusverlag, Freiburg Schweiz | Friedrich Pustet, Regensburg
Tyrolia, Innsbruck Wien

verlags gruppe engagement

Bibliografische Informationen der Deutschen Bibliothek
Die Deutsche Bibliothek verzeichnet diese Publikation in der Deutschen Nationalbibliografie; detaillierte bibliografische Daten sind im Internet über http://dnb.ddb.de abrufbar.

2003 Verlagsgemeinschaft Topos plus, Kevelaer

Originalausgabe

Einband- und Reihengestaltung:
Akut Werbung GmbH, Dortmund
Satz: Schröder Media, Dernbach
Herstellung: Pustet, Regensburg
Printed in Germany

Topos plus – Bestellnummer: 3-7867-8471-X

Inhalt

Grundwissen Universismus und Shintoismus

China war seit frühesten Zeiten der Menschheit besiedelt. Überreste von *Hominiden* sind in Kwangsi, Yünan und Shansi gefunden worden. Vor etwa 500.000 Jahren lebte der ***Peking-mensch*** im Umkreis der heutigen Hauptstadt Chinas – wie Funde von Feuerstellen und Begräbnisstätten der sog. Pekingmenschen in Höhlen bei Choukoutien, 50 km südwestlich von Peking, beweisen. Der *Homo sapiens* ist für etwa 30.000 in paläolithischen und mesolithischen Kulturen im Ordosgebiet im Norden, in Hupeh in Zentralchina und im Südwesten Chinas bis nach Vietnam und Laos hinein nachgewiesen. Die älteste neolithische Kultur (**Yang-shao**) ist vor allem auf den für Ackerbau geeigneten lössbedeckten Hochflächen im Norden und Nordwesten Chinas am Huangho nachgewiesen, sie verweisen in das 6. und 5. Jahrtausend v. Chr. Mit etwa 3.500 v. Chr. wird die Entstehung der ältesten chinesischen Stadt Liang-ch'eng chen datiert, die zu einem zweiten, jüngeren, neolithischen Kulturbereich (**Lung-shan**) gehört. Hier ist schon fortgeschrittene Sesshaftigkeit, ein relativ hoher Grad an Organisation und ein ausgeprägtes Ritualleben nachweisbar.

Im 3. Jahrtausend v. Chr. lassen die chinesischen Historiker die Geschichte Chinas mit dem mythischen Kaiser ***Fu-hsi*** beginnen, der dem *Buch der Wandlungen* (I Ging) zufolge die Welt beherrschte und die Vorgänge auf Erden mit den Vorgängen am Himmel verglichen und die daraus gewonnenen Erkenntnisse in acht Hexagrammen festgehalten hat, um so »mit den Urkräften der lichten Götter in Verbindung zu kommen und die Verhältnisse aller Wesen ordnen zu können«. Auf diese Weise hat er die Anfänge der Kultur – nämlich Netze für Jagd und Fischfang und die Züchtung der Haustiere – geschaffen, welche dann sein Nachfolger *Shen-nun* durch die Erfindung des Pflugs, *Huang-ti* durch den Wagen, das Schiff, den Mörser und den Hausbau, *Yao* durch die Zeitrechnung und *Shun* durch die Errichtung der Reichsverwaltung ergänzt haben sollen. Auch wenn diese Überlieferung einer historisch-kritischen Analyse nicht standhält, gehört die chinesische Kultur doch zusammen mit Ägypten, Mesopotamien und Indien zu den *Wiegen der Menschheit* und weist gegenüber den drei genannten die Besonderheit auf, dass sie erst relativ spät in einen Kulturaustausch mit anderen Hochkulturen eingetreten ist. Dadurch war sie in ihrer Frühzeit stärker, als es in den drei anderen Bereichen der Fall war, auf sich selbst angewiesen und konnte so aus sich heraus wachsen. Nahm die westliche Forschung früher aufgrund fehlender religiöser bzw. mythologischer Texte an, dass die alte chinesische Gesellschaft unreligiös oder religiös desinteressiert war, so ist das heute längst revidiert, weil man nicht mehr einfach mit anderen Kulturen und Religionen vergleicht und Defizite feststellt, sondern besser auf die vorhandenen Zeugnisse hört und diese von innen heraus zu verstehen trachtet.

Als einer, der dies in beispielhafter Weise tut, stellt Hans Küng in seiner *Spurensuche* fest: »Die frühchinesische Gesellschaft hat zweifellos einen **religiösen Charakter**. Allerdings ist ihre Mythologie nur in Bruchstücken erhalten (etwa der Mythos vom Weltei, aus dem Himmel und Erde geschaffen wurden). Doch gut dokumentiert sind ihre Wahrsagung und ihr Opferkult, der bis zur Absetzung des letzten Kaisers anhielt. Gehen wir 5.000 Jahre zurück an den Anfang der chinesischen Geschichte, finden wir eine Gesellschaft vor, in der Schamanentum, Wahrsagung und Ahnenverehrung und mit ihnen die transzendent-spirituelle Dimension das tägliche Leben durchdringen. Nicht die Ausbildung eines fest umgrenzten Staatsgebietes stand im Zentrum, sondern das Religiös-Rituelle.«

Ähnlich ist die Situation bei den anderen fernöstlichen Kulturen in **Japan, Korea** und auch in **Indochina**, deren Religionen und Gläubigkeit in diesem Band der Serie GRUNDWISSEN RELIGION mitbehandelt werden. Für alle diese asiatischen Kulturen ist es typisch, dass sie sich in einer relativen Abgeschlossenheit entfaltet haben, dass sie zwar einen gewissen Austausch untereinander, aber – bis zum vergangenen Jahrtausend – nicht über die Kontinente hinweg erlebt haben. So ist es für diese Kulturen typisch, dass sich ihre gewachsenen Kulturen und Religionen über mehrere Jahrtausende hinweg ungehindert entwickeln konnten.

Für China, das **Reich der Mitte**, ist dieses *Für-sich-Sein* geradezu prägend geworden und wird nicht zuletzt durch die kolossale chinesische Mauer auch nach außen hin bis heute eindrucksvoll demonstriert. Wahrscheinlich ist darin auch der

Grund dafür zu finden, dass der gewachsene chinesische, japanische und koreanische Glaube außerhalb der Ursprungsgebiete praktisch unbekannt blieb und daher nicht den Charakter von Weltreligionen annahm.

Ausnahmen bilden einerseits der **Konfuzianismus** – als Beispiel einer Staatsreligion – und der **Taoismus** – als faszinierende Weisheit aus dem fernen Osten –, andrerseits der **japanische Zen-Buddhismus.** Er wurde erst relativ spät aus seinem Ursprungsland Indien nach China verpflanzt, hat sich dort als ***Ch'an-Buddhismus*** eigenständig weiterentwickelt und erfuhr erst in Japan seine eigentliche Entfaltung.

Diese spezifische Art der Meditation und Konzentration hat sich nicht nur als eine willkommene alternative Spiritualität für den stressgeplagten und seiner angestammten Religion vielfach entfremdeten modernen Menschen erwiesen, sondern wirkte auch inspirierend in der bildenden Kunst, in verschiedenen Sparten des Designs, in der Literatur, vor allem in der Lyrik und sogar im Sport. Dort entdeckte man z. B. beim Bogenschießen oder beim Judo nicht nur unbekannte Techniken dieses Schieß- und Kampfsports, sondern vor allem die sehr wirkungsvolle Anwendung der Konzentrationsverbesserung, die man bei der intensiven Übung des *Zazen* gewonnen hatte. Durch eine anders kaum mögliche Bündelung und damit Verstärkung der Kräfte ist aber auch eine bemerkenswerte Erhöhung der Leistungsfähigkeit überhaupt möglich.

Über diese vielen Anwendungsbereiche erstaunt, fragte man in europäischen Ländern und in Amerika nach der dahinter stehenden Spiritualität und entdeckte die Welt des Buddhismus, das dem westlichen Menschen doch recht fremde Menschen- und Weltbild der Inder, Chinesen und Japaner – und damit auch deren spezifische Gläubigkeit. Sehr oft kann man feststellen, dass auf diesem Weg der Verfremdung auch wieder die wertvollen Inhalte der eigenen Glaubenstradition vor Augen traten, zu Bewusstsein kamen und sich neu erschlossen haben.

Mit der Abdankung des letzten chinesischen Kaisers ***Puyi*** am 12. Februar 1912 in kindlichem Alter ging nicht nur eine 2.200 Jahre dauernde Geschichtsepoche zu Ende, sondern sie bedeutete auch das formale Ende des **Staatskultes.** Dass damit auch das Ende der beiden großen Weltreligionen ***Konfuzianis-***

mus und Taoismus gegeben ist, darf mit guten Gründen bezweifelt werden, obgleich die kommunistische Staatsdoktrin und -ideologie dies für gegeben hält. »Die religiöse Sensibilität der Chinesen ist geblieben«, meint Hans Küng und weist darauf hin, dass das Verständnis des Heiligen im Glauben der Chinesen immer stark diesseitsorientiert war.

In **Japan** und **Korea** steht die religiöse Lebendigkeit außer Zweifel, in **China** befindet sie sich momentan in einer rasanten Umbruchphase, deren Ergebnis noch nicht klar erkennbar ist. Umso wichtiger ist es, über den Glauben der Chinesen und über den Beitrag Bescheid zu wissen, den das Reich der Mitte mit seiner fünftausendjährigen Tradition für die Geistesgeschichte der Menschheit bisher geleistet hat.

DER GLAUBE DER CHINESEN

Universistische Grundgedanken

Wie bereits erwähnt muss man mit besonderer Vorsicht an das chinesische Welt-, Gottes-, und Selbstverständnis herangehen. Vor allem darf man die Begriffe nicht unreflektiert verwenden, weil man sonst das eigene, vielfach anders geartete Vorverständnis in die mit deutschen Begriffen vermittelte chinesische Gedankenwelt hineinträgt. Und das würde zu beträchtlichen Missverständnissen und Fehlschlüssen führen. Man ist sozusagen auf einen **Guru** (= Meister) – chinesisch **Tse** oder **Dsi** (= Weiser) – angewiesen, der die Zusammenhänge und die Probleme kennt, durchschaut und Missverständnisse vermeiden hilft.

Wie schon an diesem Beispiel deutlich wird, ist das aber gar nicht so einfach, denn wir haben im Deutschen weder ein entsprechendes Wort für Guru noch für Tse, weil die Struktur unserer abendländischen Spiritualität und die Gestalt der für unsere Geistigkeit maßgeblichen drei Weltreligionen Judentum, Christentum und Islam keine vergleichbaren Funktionen bzw. Persönlichkeiten hervorbringen ließ. Deshalb muss man sich durch Verwendung annähernder Worte wie Meister, Weiser oder Lehrer, Seelenführer etc. an das Besondere eines chinesischen Tse wie ***Kung-fu-tse*** oder ***Lao-tse*** herantasten. Und man muss sich darüber im klaren sein, dass kein Begriff den Inhalt wirklich voll abdeckt und teilweise auch falsche, d. h. unpassende und sogar unzutreffende Nuancen einbringen kann.

Eine Religion des ewigen Weltgesetzes

Helmuth von Glasenapp, der bekannte und angesehene vergleichende Religionswissenschafter, unterscheidet in seinem Buch *Die fünf Weltreligionen* »acht ethische Hochreligionen: den Brahmanismus oder Hinduismus, den Jainismus, den Buddhismus, den chinesischen Universismus, den Parsismus, das Judentum, das Christentum und den Islam«. Neun Zehntel der Menschheit rechnen sich zu den großen Fünf: Hinduismus, Buddhismus, Universismus, Christentum und Islam. Und diese scheidet er in zwei Gruppen: »Solche, die östlich, und solche, die westlich vom Hindukusch-Gebirge entstanden sind.« Die östlichen nennt er »Religionen des ewigen Weltgesetzes« und die westlichen »geschichtliche Gottesoffenbarungen«.

Der GLAUBE DER CHINESEN UND JAPANER fällt demnach unter die »Weltgesetz-Religionen, für die die Welt ewig ist; sie hat keinen ersten Anfang und kein definitives Ende, sondern erneuert sich unaufhörlich im Wege sukzessiven, wechselnden Entstehens und Vergehens. Sie wird von einer ihr immanenten Gesetzlichkeit beherrscht, die von selbst alles Geschehen in ihr bedingt. Es ist dabei von sekundärer Bedeutung, ob ein *unpersönliches Weltgesetz* das höchste Prinzip alles Werdens darstellt oder ob man es als die Manifestation einer über ihr und in ihr waltenden Gottheit ansieht.«

Wie wir sehen werden, ist der Glaube der Chinesen stark *philosophisch* orientiert, aber eben nicht in der Art unserer abendländischen Philosophie (das aus dem Griechischen stammende Wort bedeutet wörtlich *Liebe zur Weisheit*), die möglichst systematisch darüber reflektiert, warum etwas ist, wie es ist, und wie es richtig gedacht werden kann, sondern in der Form von Entsprechungen zwischen Himmel und Erde, Gottheit und Mensch, was eine universelle Sicht der gesamten Wirklichkeit ermöglicht.

Die Bedeutungsinhalte von Universismus

Der niederländische Sinologe J. J. M. de Groot, Herausgeber des *Li Gi* (= Buch der Sitte), von dem gleich näher die Rede sein wird, nannte als erster das uralte metaphysische System, das jedem chinesischen Denken zugrunde liegt, Universismus: »Himmel, Erde und Mensch bilden die drei Komponenten des einheitlichen Alls, sie stehen in inniger Wechselbeziehung zueinander und werden von einem allumfassenden Gesetz regiert. Alle Erscheinungen im Makrokosmos haben im physischen, geistigen und sittlichen Leben der Menschen ihre Entsprechung, andererseits aber ist auch das, was die Ordnung in der menschlichen Gesellschaft aufrecht erhält, die Richtschnur für das Weltgebäude«.

Im *Shuh-King* (= Buch der Geschichte) heißt es: *»Es ist ein innerster Zusammenhang zwischen dem Himmel oben und dem Volke unten, und wer das im tiefsten Grund erkennt, der ist der wahre Weise«* (I,4) Und im oben bereits genannten Buch der Sitte (Li-Gi) heißt es: *»Der Mensch vereint in sich die Geisteskräfte von Himmel und Erde, in ihm gleichen sich die Prinzipien des Lichten* (= Yang) *und Schattigen* (= Yin) *aus, in ihm treffen sich die Geister und Götter, in ihm finden sich die feinsten Kräfte der fünf Wandelzustände* (= Erde, Wasser, Feuer, Holz, Metall – aber nicht als Substanzen, sondern als Kräfte verstanden). *Darum ist der Mensch das Herz von Himmel und Erde und der Keim der fünf Wandelzustände. Wenn man Himmel und Erde zur Grundlage nimmt, so kann man alle Dinge erreichen. Wenn man das Licht zu Mitteln nimmt, so kann man die Gefühle des Menschen ergründen ... Wenn man die Geister und Götter zu Gehilfen nimmt, so steht jede Arbeit unter sicherem Schutz. Wenn man die fünf Wandelzustände zum Stoff nimmt, lässt sich jede Arbeit wiederholen.«*

YIN und YANG

Yin und **Yang** sind die beiden Urgewalten – die Ursachen des unaufhörlichen Wechsels aller Dinge. YANG ist das männliche, aktive, zeugende, schöpferische, lichte Prinzip – YIN ist das weibliche, passive, empfangende, hingebende, verhüllende Gegenstück. Sie werden aber nicht als einander bekämpfende Gegensätze verstanden – wozu die *dualistisch* ausgerichteten Abendländer neigen –, sondern *monistisch* als Ergänzungen: »Im gesetzmäßigen Turnus lösen beide einander ab und bringen durch ihr Zusammenwirken alle Erscheinungen im Kosmos hervor. Der periodische Wechsel der Jahreszeiten erklärt sich z. B. aus den sich verschiebenden Machtverhältnissen beider Prinzipien. Im Sommer steht die Kraft des Yang auf ihrem Höhepunkt, im Herbst tritt es allmählich gegenüber dem Yin zurück, bis dieses im Winter höchste Entfaltung erlangt, um im Frühling wieder seine Macht an das Yang abzugeben.« (H. v. Glasenapp)

Kung Dsi (Konfuzius) spricht mit Lau Dan (Laotse). Holzschnitt nach einem Steinrelief aus der Han-Zeit (3. Jh. v./3. Jh. n. Chr.)

Es geht also um das Wechselspiel der Urgewalten, das in allem zu Tage tritt und auf welches die beiden Seiten des einen, in ständigem Wandel begriffenen Seienden verweisen. Dies wird im bekannten Kreissymbol mit der fließenden weißen und schwarzen Hälfte und den beiden gegensätzlichen Punkten zum Ausdruck gebracht und *T'aichi* (= Uranfang) genannt. Es steht auch für jenen Zustand des Universums, in dem sich die positive und negative Urkraft schon getrennt haben. Dem geht das *Wu-chi* (= Nichts-Anfang) voran, der einfache Kreis, in dem alle Unterschiede noch ungetrennt vorhanden sind. Wuchi wird aber nicht als absolutes Nicht-Sein verstanden (das wäre schon wieder dualistisch-abendländisch), sondern als potentielles Sein, das noch nicht in Erscheinung getreten ist.

Dieses Zeichen wird »T'aichi« (= Uranfang) genannt, steht für das »Tao« und enthält Yin (Dunkel) und Yang (Licht), die beiden aufeinander bezogenen Grundqualitäten alles Seienden.

Die Frage nach dem TAO

Auf diesem Hintergrund sind Fragen nach der letzten Ursache alles kosmischen Geschehens berechtigt, wie sie etwa der taoistische Weise Dschuang-Dsi, der wichtigste Schüler von Lao-Tse, im *Wahren Buch vom südlichen Blütenland* (XIV,1) gestellt hat:

> *Des Himmels Kreislauf, der Erde Beharren, die Art, wie Sonne und Mond einander in ihren Bahnen folgen: Wer ist's der sie beherrscht? Wer ist's, der sie zusammenbindet? Wer ist es, der weilt ohne Mühe und alles das im Gang erhält? Manche denken, es sei eine Triebkraft die Ursache, dass sie nicht anders können; manche meinen, es sei ein ewiger Kreislauf, der von selbst nicht stille stehen könne. Die Wolken bewirken den Regen, der Regen bildet Wolken. Wer ist's, der sie hernieder sendet? Wer ist es, der weilt ohne Mühe und uns diesen Segensüberfluss schickt? Der Wind entsteht im Norden. Er weht bald nach Westen, bald nach*

Osten; bald steigt er auf als Wirbelwind. Wer ist's, der ihn blasen lässt? Wer ist es, der weilt ohne Mühe und ihn also daherfegen lässt? Darf ich fragen, was die Ursache ist?

Meister Dschuang gibt auf seine Fragen keine direkte Antwort, aber es folgen im 14. Kapitel, das die Überschrift *Des Himmels Kreislauf* trägt, einige Geschichten, aus denen klar hervorgeht, dass er damit das **Tao** meint, jenes Ur-Gesetz, das in allem wirkt und das von alters her, also in einem archaischen Verständniszusammenhang überliefert wird, der z. B. noch nicht zwischen Personen und Sachen, zwischen Kräften und Substanzen unterscheidet.

Deshalb gibt es unter den chinesischen Denkschulen die unterschiedlichsten Erklärungen zum Inhalt dessen, was mit diesem Wort Tao gemeint wird. Sie reichen von »Weg« (der Gestirne oder Weg zum Ziel), »Ordnung«, »Gesetz«, »Sinn«, »Lebenskraft« und »Zaubermacht« bis zu »Gott«, »Urprinzip« und »Himmel«. Dschuang-Dsi selbst sagt in anderem Zusammenhang, dass das Tao **auch dem Himmel voranzustellen** ist: *»Die Menschen sehen im Himmel ihren Vater und lieben ihn persönlich; wie viel mehr müssen wir das lieben, was höher ist als der Himmel.«* (VI,1) Er sieht im Tao »Nichtsein, Wesenlosigkeit, Leere und Stille«, nennt es aber auch »Ahn« und »Meister«, jenen, der Himmel und Erde trägt, alle Gestalten formt und schnitzt, alles in Gerechtigkeit ordnet und durch sein Wohlwollen begnadet:

Das ist der Sinn (= Tao); *er ist gütig und treu, aber er äußert sich nicht in Handlungen und hat keine äußere Gestalt; man kann ihn mitteilen, aber man kann ihn nicht fassen; man kann ihn erlangen, aber man kann ihn nicht sehen; er ist unerzeugt sich selbst Wurzel. Ehe Himmel und Erde waren, bestand er von Ewigkeit; Geistern und Göttern verleiht er den Geist; Himmel und Erde hat er erzeugt. Er war vor aller Zeit und ist nicht hoch; er ist jenseits alles Raumes und ist nicht tief; er ging der Entstehung von Himmel und Erde voran und ist nicht alt; er ist älter als das älteste Altertum und ist nicht greis.*

Es gibt in China eine große Fülle von Meinungen und Auffassungen zum höchsten Weltprinzip. Im Wesentlichen sind es aber doch nur drei Begriffe, die dafür verwendet werden: **Shang-ti**, **T'ien** und **Tao**:

Tao hat den abstraktesten und höchsten Inhalt; davon war eben kurz die Rede.
T'ien bedeutet »der Himmel« (als Zusammenfassung der höheren Gewalten gedacht) und ist eine Mischung von Gott, Schicksalsmacht und Naturgesetzlichkeit. Der Himmel ist der Urgrund aller Dinge, zusammen mit der als seine Gemahlin gedachten, aber nachgereihten Erde bringt er alles hervor. Er beherrscht die Welt und die Menschen. Denen, die Gutes tun, sendet er hundertfältiges Glück herab, denen, die Böses tun, hundertfältiges Unglück. Sein Zorn äußert sich darin, dass er das Land mit Dürre oder politischen Wirren schlägt. Da er aber barmherzig und ohne Hass ist, darf man trotzdem auf seine Gnade hoffen.
Shang-ti (oder nur Ti) ist demgegenüber noch menschlicher als T'ien gedacht. Er wird in der Art eines Hochgottes anderer Religionen vorgestellt: Am festen Punkt des Himmels, am Polarstern (oder auch im Sternbild des großen Bären) wohnt er in einem Purpurpalast und hat so das Weltgeschehen ständig vor Augen. Trotzdem fehlt die persönliche Note – d. h. die anthropomorphen Züge –, welche in den Hochgottmythen sonst dominiert. Er ist eher die Personifikation der Ordnung als der menschenähnliche oberste Herrscher, und daher kommt keine innige persönliche Beziehung zu ihm zustande wie etwa gegenüber *Vishnu* und *Shiva* im Hinduismus, gegenüber *Jahwe* im Alten Testament, *Ahuramazda* bei den Parsen, selbst zum strengen *Allah* im Islam oder zum christlichen Vatergott, *der die Liebe ist.*

上帝 *Shang-Ti = Allerhöchste*

天 *T'ien = Himmel*

道 *Tao = Sinn*

Die drei chinesischen Schriftzeichen, mit denen das höchste Weltprinzip zum Ausdruck gebracht wird.

Von Liebe zu Gott ist – vergleiche den oben zitierten Text aus dem *Südlichen Blütenland* VI,1 – bemerkenswerter Weise nur gegenüber dem abstrakten Tao die Rede. Es ist zu vermuten, dass dies sozusagen von Geist zu Geist geschieht und der Inhalt der Liebe nichts Emotional-Sinnliches meint, sondern eine mystische, also die geistige Liebe.

Die universelle Harmonie

Das Weltall wird von den Chinesen als riesiger lebender Organismus gedacht, der in fortwährendem Wandel begriffen ist und dessen Einzelglieder einander ständig gegenseitig beeinflussen.

Dabei wird in der Frühzeit aber noch nicht zwischen Lebendigem und Unbelebtem unterschieden, so dass z. B. der Himmel bald als *persönlicher Gott* (bei Menzius), bald als eine *unpersönliche Schicksalsmacht* (bei Konfuzius), bald als Naturgesetz oder Naturerscheinung (bei Tung Chung-shu) ins Bewusstsein tritt.

Bei vielen Weisen wechselt dieses Bewusstsein, andere beziehen kämpferische Positionen und grenzen sich von Gegnern ab.

Wenn auch über das Wesen des Absoluten verschiedene Auffassungen bestehen, sind sich doch alle über die Grundstruktur von Himmel und Erde, über die kosmische Gesetzlichkeit und die Entsprechungen von Makro- und Mikrokosmus einig, so dass man mit Recht von **chinesischem Universismus** sprechen kann.

So sind auch alle bemüht, im Einklang mit dem Kosmos zu leben. Das aber setzt voraus, die vergangenen und gegenwärtigen, aber auch künftige Entwicklungen zu verstehen, um sich harmonisch einfügen zu können.

Das wichtigste Buch dafür ist *Das Buch der Wandlungen*, das **I Ging**, dessen Ursprung im Dunkeln liegt, das aber alle bisher genannten Elemente enthält und eine Anleitung darstellt, wie man zur universellen Harmonie gelangt.

Es hat für die chinesische Geistigkeit etwa jenen Stellenwert, den in Mesopotamien, Ägypten, Vorderasien, Europa und Indien die Astrologie hatte und hat, und ermöglicht daher auch Voraussagen für die Zukunft, hilft bei Lebensentscheidungen aller Art und reguliert auch die sittlichen Entscheidungen des

Einzelnen und die Politik. Daher spielt es auch eine große Rolle bei der Entwicklung der Opfer und Riten, die ja der Erhaltung der kosmischen Harmonie dienen. Hierin ist auch die Wurzel für die Sicht des Kaisers als *Himmelssohn* zu sehen und für das Bewusstsein der Chinesen, im *Reich der Mitte* zu leben.

Himmel, Erde, Mensch

Das **Weltall** besteht aus Himmel und Erde. Der **Himmel** hat ein (männliches) YANG-Wesen. Die **Erde** hat ein (weibliches) YIN-Wesen – er ist der Vater, sie die Mutter der *zehntausend Dinge* (= alles Irdische). Der Himmel ist Geist, die Erde Körper; der Himmel ist in ständiger Bewegung, die Erde in Ruhe; der Himmel hat die Gestalt einer Kugel, die Erde die eines Vierecks; er ist blau, sie ist gelb (wie der Lössboden Nordchinas, wo dies ausformuliert wurde).

Der **Mensch** wird als Mikrokosmos gesehen, in dem sich der Makrokosmos (Himmel und Erde) spiegelt. Wie wir schon im Zitat aus dem *Buch der Sitte (Li-Gi)* gesehen haben, ist der Mensch »das Herz von Himmel und Erde«, d. h. er belebt sie, stellt die Verbindung her, hält die Ordnung aufrecht, ist ewig eins mit ihnen, und seine Aufgabe ist es, die kosmischen Gegensätze auszugleichen, indem er sie in seinem eigenen Inneren harmonisiert.

Dazu ist ein reiches Wissen über die Zusammenhänge, über die Struktur und die Bedeutung der einzelnen Teile (Ebenen, Seinsweisen, Kräfte, Bereiche, Gottheiten etc.) nötig. Dieses Wissen finden die Weisen in sich (in ihrem Geist und ihrem Körper und im sie durchwaltenden TAO) und im Blick auf Himmel und Erde und das sie durchwaltende Tao. Dieses wurde überliefert und aufgeschrieben und ist ein kostbarer Schatz, mit dem verantwortlich umgegangen werden muss.

Im sehr alten *Buch der geheimen Ergänzungen (Yin Fu Ching)*, das genau 444 chinesische Schriftzeichen enthält und im *Wahren Buch vom quellenden Urgrund* des **Liä Dsi** (des zweiten wichtigen Schülers des Lao-tse neben Dschuang-Dsi) enthalten ist, werden in aphoristischer Form wichtige Einsichten darüber überliefert:

Des Himmels Sinn erschauen, des Himmels Wandel ergreifen, ist das Höchste.

Der Himmel hat fünf Gewalttäter (gemeint sind: Regen, Hitze, Wind etc.); *wer sie erblickt, wird blühen.*
Die fünf Gewalttäter sind im Ich (gemeint sind die 5 Sinne).
Wer sie wirken lässt im Himmel, bekommt das Weltall in die Hand,
und die Natur wird aus dem Ich geboren.
Des Himmels innerstes Wesen ist der Mensch; des Menschen Herz ist das Triebwerk.
Des Himmels Sinn wird festgestellt durch die Bestimmung des Menschen. …
Der Himmel belebt, der Himmel tötet: das ist das Gesetz des Sinns. …
Der Mensch erkennt seinen Geist als Geist, aber er erkennt nicht, wodurch sein Geist Geist ist. …
Die Toren suchen Offenbarungen durch Erforschung der Zeichen in Himmel und Erde.
Ich suche Weisheit durch Erforschungen der Zeichen in Zeit und Welt. …
Der Berufene hat erkannt, dass dem Sinn des auf sich selbst Beruhenden nichts widerstehen kann.
Deshalb leitet er die Dinge durch den Sinn der höchsten Stille.

Am tiefsten und wirkungsvollsten aber sind wohl die im **Tao-te King** (= *Buch vom Sinn und Leben*) des **Lao-tse** in 81 kurzen Kapiteln enthaltenen Gedanken. Als eine Probe folgt hier das 7. Kapitel:

Der Himmel ist ewig, die Erde ist dauernd. Sie sind dauernd und ewig, weil sie nicht sich selbst leben.
Also auch der Berufene:
Er setzt sein Selbst hintan, und sein Selbst kommt voran.
Er entäußert sich seines Selbst, und sein Selbst bleibt erhalten.
Ist es nicht so: Weil er nichts Eigenes will, darum wird sein Eigenes vollendet?

Götter, Dämonen, Geister

Himmel, Erde und Menschen sind erfüllt von zahlreichen **Göttern** *(shen)* und **Dämonen** *(kuei)*, also von *guten* (YANG)- und *bösen* (YIN) **Geistern.** In der späteren chinesischen Reichsreligion sind die Götter entweder kosmische Potenzen, Schirmherren oder vergötterte Menschen. In Entsprechung zur Beamtenhierarchie sind sie in verschiedene Klassen eingeteilt.

Gewisse Opferriten waren dem Kaiser vorbehalten: Am Tag der Winter-Sonnenwende wurde z. B. auf der ungedeckten Marmorterrasse vor dem Himmelstempel im Süden von Peking dem obersten Himmelherrn geopfert, außerdem der Sonne, dem Mond und den Sternen, den Wolken und dem Regen sowie Wind und Donner. Am Tag der Sommersonnenwende dagegen brachte der Kaiser im Norden der Stadt, im Heiligtum der Mutter Erde, das rituelle Jahresopfer dar, ebenso opfert er den fünf heiligen Bergen sowie den vier Meeren und vier Strömen; die Kaiserin wiederum opferte der Göttin der Seidenraupenzucht; hohe Beamte in den Provinzen den Beschützern des Ackerbaus.

Eine besondere Stellung unter den staatlich betreuten Göttern nimmt der Kriegsgott ***Kuan-ti*** ein, der erst im 16. Jh. n. Chr. zum Gott erklärt wurde – er lebte im 2. Jh. n. Chr. als bedeutender Heerführer, der später zu göttlicher Würde erhoben wurde.

Zu diesen großen kommen zahlreiche lokale Gottheiten, denen das ganze Volk opfert – außerdem auch noch unzählige Götter aus dem Pantheon der Taoisten und der Buddhisten, die im Sinne des »universistischen Charakters der Staatsreligion« je nach lokalen Bräuchen oder Anlässen mit in die Riten einbezogen werden.

Um den vielen bösen Geistern zu wehren, die im Laufe der Zeit immer mehr die religiösen Vorstellungen und Gefühle des Volkes belasteten, entwickelt man immer neue Abwehr-Riten (Prozessionen, Amulette, Geistermauern, Beschwörungen usw.), die für Außenstehende unüberschaubar sind. Ähnlich ist es mit dem Ahnenkult, bei dem sich aber doch deutlich gewisse Rationalisierungsmaßnahmen durchgesetzt haben (es werden z. B. nicht Statuen und Bilder, sondern Gedächtnistafeln verehrt, auf denen die einzelnen Namen eingetragen werden – oft aber nur einige Generationen zurück.

Riten und Kult

Eine der wichtigsten Aufgaben des Staates sah man in seiner Verantwortung für die Durchführung der **Riten** und des offiziellen **Kultus.** Im *Li-Ging* heißt es: *»Unter allen Mitteln, die* *nötig sind, um die Menschen zu regieren, ist die Einrichtung der Riten das unentbehrlichste.«* Aus diesem Grunde gab es in der späteren Zeit der Reichsreligion keinen eigenen Priesterstand mehr wie in der Zeit der Väter, sondern dies war Aufgabe des Ministers der Riten und seiner Beamtenschaft – oder eben des Kaisers und anderer Politiker. Man unterschied fünf Art von Riten:

1. Riten glücklicher Vorbedeutung (Opfer an Götter, Geister, Ahnen; Dämonenabwehr).
2. Begräbnisriten.
3. Militärische Riten.
4. Riten der Gastfreundschaft (Gesandte, offizielle Besuche usw.).
5. Freudige Riten (Hochzeiten, Feste).

Wir wollen jetzt aber nicht diese Grundgedanken des Universismus in Richtung Gottes-, Welt- und Menschenbild, Kult und Ahnenverehrung auf theologischer Ebene weiter verfolgen, sondern lieber *chronologisch,* d. h. der Entwicklung und Entfaltung der einzelnen religiösen Ausdrucksweisen, Phänomene, Denkschulen und Persönlichkeiten folgend, vorgehen, da es sonst zum Missverständnis kommen könnte, dass der **chinesische Universismus** eine Religion wie die anderen Weltreligionen ist – was nicht der Fall ist. Universistische Züge im religiösen System bzw. in den Erkenntnissen der »Weisen« und auch eine Art »Kirche« bzw. religiöse Gemeinschaften gibt es z. B. im Zusammenhang mit dem Taoismus zwar schon relativ früh, in der Form der Reichsreligion dagegen erst sehr viel später. Diese hat sich in mehreren Etappen gebildet und dabei nach und nach die verschiedensten Elemente aufgenommen und integriert.

Chinesischer Friedhof auf Lombok in Indonesien.

Die frühchinesische Religion

Um die Mitte des 5. Jahrtausends v. Chr. entstanden in Nordchina vorwiegend in den vom Huangho (= Gelber Fluss) durchflossenen Gebieten zahlreiche bäuerliche Siedlungen. Der fruchtbare Lössboden bot ideale Voraussetzungen dafür – und rasch entwickelte sich eine blühende neolithische Kultur. Vielleicht war diese Bauernkultur vom südlichen Turkmenistan aus entlang dem nördlichen Hindukusch-Gebirge über Pamir und Ostturkestan nach Nordchina getragen worden und traf dort auf eine uralte vorgeschichtliche Jäger- und Sammler-Bevölkerung, die bald Ackerbau und Viehzucht von den Ankömmlingen übernahm, ohne freilich gleich die bisherige Lebensweise aufzugeben. Das sind allerdings nur Vermutungen und Analogieschlüsse, die nicht durch archäologische Funde oder gar Texte bzw. sonstige eindeutig datierbare Artefakten belegt werden können und daher mit Vorsicht behandelt werden müssen.

Chinesische Historiker – z. B. der in der frühen Han-Zeit (im 1. Jh. v. Chr.) lebende *Sima Qian*, der in seinem 130 Kapitel umfassenden und auf sorgfältigen Quellenstudien beruhenden monumentalen Geschichtswerk die Zeit von den Uranfängen bis zu seiner Gegenwart darstellt – stimmen, was die Zeit anlangt, mit diesen wissenschaftlichen Vermutungen überein und können daher dazu dienen, diese Annahmen mit Inhalten zu füllen.

Im *Buch der Wandlungen* (I-Ging) wird die Entstehung der acht Grunddiagramme auf die Uranfänge zurückgeführt: *»Als in der Urzeit Pao-Hi* (auch: Fo-Hi und Fu-hsi) *die Welt beherrschte, da blickte er empor und betrachtete die Bilder am Himmel, blickte nieder und betrachtete die Vorgänge auf Erden. Er schaute die Zeichnungen der Tiere und Vögel und ihre Anpassung an die verschiedenen Orte. Unmittelbar ging er von sich selbst, mittelbar ging er von den Dingen aus. So erfand er die acht Hexagramme, um mit den Urkräften der lichten Götter in Verbindung zu kommen und aller Wesen Verhältnisse zu ordnen.«* Dieser mythische Kaiser wird auch als Erfinder von anspruchsvollen Jagd- und Fischerei-Geräten und der Domestizierung von Tieren vorgestellt, was genau in die Übergangszeit von der Lebensweise der Jäger und Sammler zur Agrarwirtschaft und Tierzucht passt – zumal seine Nachfolger im Herrscheramt als Erfinder des Pflugs, des Hausbaus usw. gelten.

Yang-shao-Kultur

Die erste neolithische Kultur im nordwestlichen Teil Chinas wird nach dem ersten Fundort genannt, man spricht in diesem Zusammenhang von ***Protochinesen***, da sich die Träger dieser Kultur (soweit man dies aus den Skelettfunden entnehmen kann) kaum von den späteren Chinesen unterschieden. Die Toten werden außerhalb der Siedlungen in Friedhöfen mit reichen Beigaben bestattet. Funde von Kindergebeinen in großen rot bemalten und mit dem *Todesmuster* (death pattern = Kombination von Dreieck, Schachbrett und Kauri) verzierten Urnen mit *Seelenlöchern* verweisen deutlich auf Diesseits-Jenseits-Vorstellungen (Sexualität, Geburt, Regeneration, Wiedergeburt) und belegen, dass der in der Shang-Zeit (ab 18. Jh. v. Chr.) weit verbreitete *Totenhaus-Brauch* bereits sehr viel früher einsetzte, als man bisher angenommen hatte.

Ackerbau, Viehzucht und Jagd weisen auf Beziehungen zum geheiligten Raum, zur Fruchtbarkeit und zum Tod – Elemente, die uns aus dem neolithischen Europa bekannt sind, hier aber besondere Neuentwicklungen erfuhren. Besonders die für die chinesische Frühzeit typische Bronzeverarbeitung und die bewundernswerte Gestaltung der Opfergefäße in dieser Zeit dürfte eine Eigenentwicklung dieser Kulturform sein und »verlangt eine beträchtliche Vordatierung der sogenannten Bronzezeit«. (M. Eliade)

Anders ausgerichtet ist das *Schamanentum*, das in dieser chinesischen Frühzeit dominiert hat und magische Bräuche, Ahnenkult, Wahrsagerei und gewisse Vegetationsriten (Opfer) zur Verehrung von chthonischen Gottheiten umfasste, die von *Schamanen* (= vom Göttlichen Erregte) vollzogen wurden.

Schamanen werden von Geistern in Besitz genommen (mediale Trancezustände), beherrschen aber zugleich diese Geister und können sich ihrer Kraft als Heiler, Exorzisten, Totenbeschwörer, Traumdeuter, Wahrsager oder Regenmacher bedienen. Dieses Schamanentum blieb auch in der Folgezeit lebendig und war sowohl im Taoismus wie in manchen Formen des Buddhismus und vor allem in der Volksreligion über die Jahrtausende hinweg bis in unsere Gegenwart herein lebendig. Wichtig waren auch astrale und astrologische Vorstellungen und Praktiken, die freilich andere Akzente haben als in den in Europa verwendeten und bekannten astrologischen Systemen.

Wie wir schon bei den Entsprechungen gesehen haben, unterschieden die Chinesen fünf Himmelsrichtungen, denen verschiedene Symbole und Farben zugeordnet werden: dem Osten der grüne Drache; dem Süden der rote Vogel; dem Westen der weiße Tiger; dem Norden die schwarze Schildkröte und dem Zenit die dominierende gelbe Farbe. Die Details dieser frühchinesischen Religion lassen sich nur aus einzelnen verstreuten Angaben in der späteren Literatur erschließen.

Sehr erfolgreiche Ausgrabungen zwischen 1921 und 1950 und die Anwendung der Radiocarbon-Datierungs-Methode ergaben, dass die älteste Anlage der Yang-shao-Kultur die Ausgrabungsstätte von *Pan-p'o* (westlich von Yang-shao) darstellt und eineinhalb Jahrtausende früher anzusetzen ist, als man bisher angenommen hatte. Pan-p'o war während rund 600 Jahren durchgehend besiedelt, dürfte aber auch nicht die älteste Siedlung dieser Kulturepoche sein.

Lung-shan-Kultur

Im äußersten Osten der Provinz Shantung entdeckt man eine andere, etwas jüngere Kultur, die den gesamten östlichen Teil Chinas von Peking bis Taiwan erfasste. Die Keramikfunde aus dieser Zeit zeugen von hohem künstlerischem Niveau und feinem, ausgewogenem Formempfinden. Typisch für Lung-shan ist die schwarze Bemalung der Töpferarbeiten. Funde von angesengten Knochen weisen auf Wahrsagepraktiken hin, wie sie auch für die spätere Shang-Zeit nachgewiesen sind – hier bereits viele Jahrhunderte früher.

Mircea Eliade fasst zusammen: »*Insgesamt zeigen sich in den Kulturen von Yang-shao und Lung-shan Glaubensvorstellungen, die auch für die anderen neolithischen Gesellschaften spezifisch waren: die Verbundenheit zwischen Leben, Fruchtbarkeit, Tod und Weiterleben, also die Konzeption des kosmi-*

schen Zyklus, die durch den Kalender dargestellt und durch die Riten aktualisiert wurde.«

Ins Auge springen die Bedeutung der Vorfahren als Quelle magisch-religiöser Macht und das Geheimnis der Verbindung der Gegensätze im Todesmuster, was bereits die Idee der Totalität des kosmischen Lebens und damit die Wurzeln des chinesischen Universismus erkennen lässt. Eliade verweist in diesem Zusammenhang auch darauf, dass sich dieses jungsteinzeitliche Erbe bis heute in den religiösen Traditionen und Praktiken auf dem Land – und das bedeutet: bei einem Dreiviertel der heute etwa 1,3 Milliarden Einwohner zählenden Bevölkerung – erhalten hat.

Hsiao-t'un-Kultur

Diese nach einer Fundstelle in der Nähe von An-yang am Unterlauf des Huangho genannte dritte chinesische Kulturepoche ist die Vorläuferin der im Umfeld von An-yang konzentrierten bronzezeitlichen Shang-Kultur, die noch in der ersten Hälfte des 2. Jahrtausends v. Chr. einsetzte und der ersten chinesischen Hochkultur und dem ältesten Herrscherhaus ihren Namen gegeben hat.

Die chinesischen Historiker bezeichnen allerdings schon die **Hsia-Dynastie** (2205–1766 v. Chr.) als das erste Herrscherhaus.

Auf diese folgten noch 22 Dynastien, deren Geschichte in einem ähnlichen Rhythmus verläuft: Auf eine Reihe tatkräftiger Monarchen folgen schwächere, »die sich wenig um das Wohl des Landes kümmern und deshalb verdientermaßen von einem energischen Gegner vom Thron gestoßen wurden.« (H. v. Glasenapp)

Hier bezweifelt der westliche Leser, wenn er das dahinter stehende universistische Schema erkennt, das sich an der Astrologie und kosmischen Entsprechungen und nicht an der tatsächlichen Abfolge von Ereignissen oder Herrscherpersönlichkeiten orientiert, natürlich schnell die (historische) Glaubwürdigkeit des *Schu-King*.

Übersichtsliste aller chinesischen Dynastien
Hsia-Dynastie: 2205–1766 v. Chr.
Shang-Dynastie: 1766–1028 v. Chr.
Chou-Dynastie: 1028–256 v. Chr.
Ch'in-Dynastie: 221–210 v. Chr.
Han-Dynastie: 206 v. – 220 n. Chr.
»Zeit der drei Reiche« (Wei-, Schu- und Wu-Dynastie gleichzeitig): 220–280
»Zeit der Wirren«: 280–390
Toba-Wei-Dynastie
Chi-Dynastie
We-Dynastie (Mongolen – nur im Norden): 386–534
Sui-Dynastie: 589–618
Tang-Dynastie: 618–906
»Zeit der Fünf Dynastien« (teilweise nebeneinander): 907–959
Si-hia-Dynastie (NW)
Liao-Dynastie (N – Mongolen): 907–1123
Sung-Dynastie (S): 960–1279
Kin-Synastie (N): 1115–1234
Yüan-Dynastie (Khubilai-Khan): 1280–1368
Ming-Dynastie: 1368–1644
Tsing-Dynastie (Mandschu): 1644–1912

Im *Schu King* (= Buch der Geschichte) nennt Konfuzius außer den bereits angeführten Herrschern noch die Namen *Sui Yen* (als Kultivierer des Feuers), *Fu Hsi* (Musik, Hieroglyphenschrift), *Huang Ti* (Kalender, Seide) und den *Großen Yu,* den er als den Begründer der trotz der Funde von Erlitou immer noch eher sagenhaften Hsia-Dynastie ansieht. Der legendäre Hsia-Tyrann *Chieh-Kuei* wird jedenfalls mit einiger Wahrscheinlichkeit im Jahre 1766 v. Ch. von *T'ang*, dem Begründer der *Shang-Dynastie,* gestürzt.

Religion zur Zeit der Shang-Dynastie (1766 bis 1028)

Das Zentrum des Reiches ist in dieser Zeit ***Anyang*** am Unterlauf des Huangho. Die wichtigste Quelle für die Geschichte Chinas während der Shang-Zeit sind leider keine Bauwerke – solche sind wegen der damals überwiegenden Holzbauweise keine erhalten –, aber es gibt Kultgeräte, Waffen und Musikinstrumente (z. B. Glockenspiele) aus Bronze, die dem Zahn der Zeit getrotzt haben, und an die 200.000 beschriftete Knochenfragmente (sogenannte Orakelknochen), die zum Wahrsagen (aus den Sprüngen im Knochen, die sich beim Ansengen ergeben) verwendet wurden; zum selben Zweck verwendete man auch Schildkrötenpanzer, die auch zahlreich erhalten blieben.

In die Knochen toter Tiere, die besondere Kräfte haben, weil sie den Kontakt mit Ahnen, Geistern und Göttern in der jenseitigen Welt herstellen können, wurde auf der Vorderseite eine Frage bezüglich Krieg, Ernte, Reise usw. eingeritzt. Auf der Rückseite wurden Vertiefungen gebohrt und dann glühende Spitzen aus Metall, Horn oder Holz hineingepresst, so dass Sprünge und Risse auf der Vorderseite entstanden. Der bevollmächtigte Orakeldeuter (das war oftmals der König) konnte dann die Antwort an den Veränderungen ablesen; sie wurde dann auch zum Teil in den Knochen eingeritzt.

Diese **Knochenschrift** ist das älteste Zeugnis für die chinesische Bilderschrift; immerhin wurden auf diesen Orakelknochen ca. 2.500 verschiedene Zeichen festgestellt und entziffert. Zusammen mit der reichen Ikonographie auf den Opfergefäßen und den reichen Funden in den Königsgräbern sind wir relativ gut über einige Details der Religion während des 2. Jahrtausends v. Chr. informiert.

Da viele ikonographische Dokumente mehrdeutig sind und die Orakelfragen relativ wenig Bezüge auf religiöse Themen aufweisen, bleibt die Mythologie und Theologie dieser Zeit aber – bis auf die Rückschlüsse aus der Literatur späterer Zeit – eher unbekannt.

Weil der König *(wang)* nicht nur politischer Herrscher und militärischer Führer war, sondern auch oberster Schamane *(wu)* und Priester *(zhu)*, fand dieses Orakel-Ritual – ähnlich wie astrologische Deutungen wichtiger Ereignisse oder Voraussagen für die Zukunft – normalerweise am Hof des Herrschers statt. Das macht deutlich, dass es im alten China keine Trennung von weltlichem Königtum und geistlichem Priestertum gab, also keinen Dualismus von Politik und Religion, keine Trennung von »Kirche und Staat«, sondern dass beide eher in einer Art Theokratie miteinander verbunden waren. Wobei die alten Könige *Söhne des Himmels* genannt wurden, aber nie beanspruchten, Götter oder von göttlicher Natur zu sein (wie im alten Ägypten, im Rom des Augustus oder in Japan). Auch das ist eine logische Konsequenz des chinesischen Universismus und muss von da her verstanden und interpretiert werden.

Für das Orakeldeuten und das Wahrsagen bzw. für die Interpretation von Äußerungen der Wahrsage-Medien benötigte man Unterlagen. Wahrscheinlich kann in dieser religiös-politischen Praxis der Ursprung der im berühmten *I Ging* (= Buch der Wandlungen) enthaltenen detaillierten Anweisungen zur Interpretation bestimmter Konstellationen gefunden werden, die Raum für das Eingreifen des Himmels bieten. Bei den Orakelknochen oder Schildkrötenpanzern ist es das menschlich nicht steuerbare Entstehen von Rissen und Sprüngen beim oben beschriebenen Erhitzen und Anbohren der Knochenteile – beim *I Ging* ist es das Werfen von 6 langen und/oder kurzen Schafgarben-Stängel (auch Hölzchen etc.), deren Lage dann nach einem vorgegebenen Deuteschema auf eine bestimmte Frage, Situation etc. angewendet wird.

Das Knochenorakel war mit Tieropfern, Musik und Tanz sowie mit rituellem Weingenuss verbunden – und für diese Trankopfer wurden wahrscheinlich die kleineren der berühmten bronzenen Sakralgefäße verwendet, die zu den Wahrzeichen der Shang-Kultur gehören. Die größeren Bronzegefäße stellen aber wahrscheinlich Hausurnen dar, um die Anwesenheit Verstorbener zu symbolisieren.

Offensichtlich beherrschten die Chinesen zu dieser Zeit den **Bronzeguss** bereits in höchster Vollendung. Viele der gut erhaltenen Gefäße lassen höchste künstlerische und technische Meisterschaft erkennen.

Der **Glaube an ein Weiterleben nach dem Tod** war den Menschen der Shang-Zeit selbstverständlich, denn ihr Weltbild umfasste seit eh und je drei Ebenen: unten das Reich der Toten, darüber die Erde als Aufenthaltsort der Lebenden, schließlich oben der Himmel, der Ort der Ahnen und Götter. Beim Tod steigen die drei oberen Seelen(-teile) des Verstorbenen *(hun)* zum Himmel empor und gesellen sich zu den Naturgöttern, die sieben unteren Seelen(-teile) *(po)* sinken in die Erde und landen im Totenreich. Die Verstorbenen nehmen aber weiterhin am Leben der Familie teil und werden mit täglichen Trank- und Speiseopfern versehen. Interessant ist, dass das chinesische Wort *szu* (= Opfer) auch Jahr bedeutet; das macht deutlich, welchen Stellenwert die Opfer hatten: erst ein voller Jahreslauf ist als ein vollständiger Gottesdienst anzusehen.

Sakralgefäß (Hausurne) aus der Shang-Zeit (18./11. Jh. v. Chr.). Ein Tiger (= weibliche Schutzgottheit) symbolisiert die Erde und »umfasst« den Menschen. Bronzegefäß 35 cm hoch.

Im Mittelpunkt der kultischen Verehrung in dieser Zeit stand **Ti** (= Herr) bzw. **Shang-Ti** (= Herr von oben), also der Gottahne, der oberste Himmelsgott, der die kosmischen Rhythmen, also den Kalender und die Naturerscheinungen – und damit auch die Naturgötter beherrscht: Er schenkt Ernte und Sieg, aber auch Niederlagen, Krankheit und Tod. Durch Gebet und Opfer kann Ti beeinflusst werden – wobei es besonders auf die richtige Form dieser Gebete und Opfer, auf das königliche Ritual, ankommt, denn nur er kann mit seinen Vorfahren und seinem Urahn sprechen und ist von da her der Unvergleichliche, wie es in Orakelinschriften belegt ist! Der König bringt zwei Arten von Opfern dar: dem obersten Himmelgott Ti und den Vorfahren (deren erster als dessen Abkömmling angesehen wird und die bei ihm vermitteln). Der König tut dies (fast) jeden Tag, wodurch erst die permanente Hilfe gesichert ist.

Eng mit dem Ahnenkult verknüpft ist der Brauch, den verstorbenen Königen und Adeligen ihre gewohnte Dienerschaft und Frauen für das Leben im Jenseits mitzugeben. In *Hsiao-t'un* hat man in Gräbern Dutzende geopferter Menschen und Pferde gefunden, Streitwagen samt deren Besatzung und kostbare Grabbeigaben: Sakralbronzen, Keramik, Knochenschnitzereien und Gegenstände aus Jade und Gold. Diese Gräber sind manchmal unterirdisch wie Paläste ausgebaut. Der Sinn der Menschenopfer ist noch nicht ganz geklärt, wahrscheinlich ging es um die Begleitung des Königs in das Jenseits, doch dürfte es Menschenopfer auch im Zusammenhang mit der Errichtung von Tempeln und Palästen gegeben haben, dann sollten die Seelen der Opfer wohl die Unvergänglichkeit des Bauwerkes sichern, das so etwas wie den neuen Körper der geopferten Seelen darstellt. Menschenopfer hatten aber wahrscheinlich auch etwas mit der Erneuerung der Zeit und der Regeneration der Dynastie zu tun, doch sind wir darüber mangels schriftlicher Quellen nicht ausreichend informiert.

Eine stark schamanisch orientierte Priesterschaft, die als Spezialisten für das Heilige dienten, dürfte bereits während der Shang-Zeit eine große Rolle gespielt haben (ihre Aufgabe war z. B. die Feststellung der astronomisch wichtigen Zeiten wie etwa der beiden Sonnenwenden oder der genauen Mondstände zur Heilung von Krankheiten, für die Regenmagie usw.).

Die Shang-Herrscher wechselten insgesamt sechsmal ihre **Hauptstadt**, bisher sind aber erst die beiden Residenzen in Cheng-chou und An-yang ausgegraben. Das Schema der Anlage der Hauptstadt dürfte jeweils gleich gewesen sein: die Große Domäne des Königs umfasste den Hof *(ming-t'ang)*, wo die Riten abgehalten wurden. Dieser rituelle Palast – der nach Mircea Eliade die Funktion des imago mundi und des Jahreskalenders hatte – wurde auf einem rechteckigen Grund (welcher die Erde symbolisiert) errichtet und mit einem runden Dach (das den Himmel symbolisiert) gedeckt. Während des gesamten Jahres machte der König unter diesem Dach seine rituellen Rundgänge, die den Gang der Jahreszeiten und den Jahresablauf symbolisierten. Die Priesterschaft assistierte ihm dabei, und die Beamtenschaft führte seine Orakelweisungen aus. Dieser rituelle Welterhaltungsbetrieb wurde aus den Steuereinahmen finanziert. Durch Handelsbeziehungen mit Nord- und Zentralchina und bis in die Steppen nach Norden und Nordwesten und durch expansive Kriege weitete man dieses Einzugsgebiet der Staatsfinanzierung aus.

Diese Symbolik des Zentrums der Welt vollzogen auch die Lehensherren (Provinzregenten) für ihren Bereich, ja selbst in den einfachsten Behausungen versuchte man diese universistische Symbolik zumindest anzudeuten, um sich sozusagen in die umfassende kosmische Beziehung von Himmel und Erde einzuklinken. Und es ist durchaus plausibel, dass dieses Bewusstsein, zum Reich der Mitte zu gehören und alles auf dieses kosmische Zentrum beziehen zu können, den Charakter nicht nur der chinesischen Herrscher, sondern auch die Mentalität der einfachen Bürger nachhaltig geprägt hat.

Es wurde schon darauf hingewiesen, dass die chinesische Vorstellung von fünf kosmologischen Zahlen (4 Himmelsrichtungen + Zentrum) zusammen mit den Entsprechungen von Makrokosmos-Mikrokosmos und den komplementären Prinzipien Yang und Yin und ihren rhythmischen Wandlungen, hinter denen das Tao als ursprüngliche All-Kraft und Ordnungsmacht steht, das Koordinatensystem für die universelle Harmonie darstellt, die jedem chinesischen Denksystem als letztes Ziel vorschwebt. Daraus ergibt sich, dass im alten China trotz der Verschiedenheiten alle Richtungen des religiösen Denkens eine bestimmte Anzahl grundlegender Ideen gemeinsam hatten.

Eine deutliche Schwachstelle in diesem religiösen System bildeten rituelle Fehler der Könige, zu wenig Aufmerksamkeit für Gott (Ti), Bestechungen statt echte Leistungen, egoistische Machtausübung statt Dienst an der Gemeinschaft usw. Wahrscheinlich hing auch der mehrmalige Wechsel der Hauptstadt während der langen Shang-Periode direkt oder indirekt damit zusammen. Sicherlich aber der Untergang der Dynastie und die Konstituierung einer neuen und damit eine vom Himmelsgott gewollte und unterstützte, ja herbeigeführte Wandlung.

Das I-Ging

Das älteste schriftliche Zeugnis des Wissens um die Hintergründe solcher Wandlungen, um die Wurzeln chinesischer Lebensweisheit und der kosmisch orientierten Religiosität der Chinesen ist wahrscheinlich das **I-Ging** (= *Buch der Wandlungen*), dessen Grundbestand – nämlich die acht Diagramme und ihre symbolische Bedeutung – in die vorgeschichtliche

Zeit des Urkaisers Fu-hsi zurückreicht und als Bilder der Wandlungen, die im Himmel und auf Erden vor sich gehen, aufgefasst wurden.

Dieses zentrale I-Ging-Symbol enthält im inneren Kreis das T'aichi-Zeichen (mit Yin-Yang) und im äußeren Kreis die acht Grund-Trigramme, aus denen durch Kombination die 64 Hexagramme gebildet werden. Von oben nach rechts: Himmel-Wind-Wasser-Berg-Erde-Donner-Feuer-See.

Die 64 Hexagramme (alle möglichen Kombinationen von drei langen und drei gebrochenen Stängeln = Strichen, jeweils als Doppelzeichen kombiniert) sowie der erklärende Text mit dem gleich bleibenden Schema (1. Das Zeichen und sein Name, 2. Das Urteil, 3. Das Bild, 4. Der Stellenwert der einzelnen Linien) stammen wohl bereits aus der Shang-Zeit. Da diese Texte aber sehr kryptisch sind und neben einer grundlegenden Kenntnis (z. B. der acht Grundzeichen oder des in Punkt 4 benützten Wertungsschemas) auch einer Anwendung auf den betreffenden Fragensteller oder den rituellen Anlass bedürfen, gab es viele Kommentare wichtiger Persönlichkeiten (z. B. von König *Wen*, dem Ahnherrn der Chou-Dynastie, von seinem Sohn, dem Herzog von Chou, oder von Kungtse, dem großen Weisen), die im 2. Teil (»Das Material«) und 3. Teil (»Die Kommentare«) des *I-Ging* gesammelt sind – und erst im Lauf der Zeit hinzugefügt wurden.

Ursprünglich wurde das Buch eher – der Art der Religiosität während der Shang-Zeit entsprechend – als »Orakel«-Buch verwendet, später dann mehr als Weisheitsbuch. Es geht dabei aber keinesfalls um Weissagung – dieses prophetische Element liegt der chinesischen Religion ganz fern –, sondern um offizielle Zustandsdeutungen und um eine Lebens- und Entscheidungshilfe. Dort setzt auch das große Interesse heutiger westlicher Menschen an diesem uralten Weisheitsbuch an. Ein Beispiel aus dem *I-Ging*:

15. Hexagramm: KIËN / Die Bescheidenheit

Das Urteil:

Bescheidenheit schafft Gelingen. Der Edle bringt zu Ende

Das Bild:

Inmitten der Erde ist ein Berg: das Bild der Bescheidenheit. So verringert der Edle, was zu viel ist, und vermehrt, was zu wenig ist. Er wägt die Dinge und macht sie gleich.

Die einzelnen Linien:

Anfangs eine Sechs bedeutet: Ein bescheiden-bescheidener Edler mag das große Wasser durchqueren: Heil!
Sechs auf 2. Platz bedeutet: Sich äußernde Bescheidenheit. Beharrlichkeit bringt Heil.
Neun auf 3. Platz bedeutet: Ein verdienstvoll-bescheidener Edler bringt zu Ende. Heil!
Sechs auf 4. Platz bedeutet: Nichts, das nicht fördernd wäre für Bescheidenheit in der Bewegung.
Sechs auf 5. Platz bedeutet: Nicht pochen auf Reichtum seinem Nächsten gegenüber. Fördernd ist es, mit Gewalt anzugreifen. Nichts, das nicht fördernd wäre.
Oben eine Sechs bedeutet: Sich äußernde Bescheidenheit. Fördernd ist es, Heere marschieren zu lassen, um die eigene Stadt und das eigene Land zu züchtigen.

Zur Erklärung:
1. Die Linien im Hexagramm werden von unten nach oben gezählt.
2. Daher besteht das Zeichen aus den zwei Grundzeichen »Berg« (unten = Gen = das Stillehalten) und »Erde« (oben = Kun = das Empfangende). Es hat eine Yang (= Ja)-Linie auf dem 3. Platz und sonst nur Yin (= Nein)-Linien.
3. Der »Edle« = der Mensch, wie er sein soll.
4. »Sechs« und »neun« ergeben sich aus dem generellen Wertungsschema, das der »Weise« (= wissender Interpret) anlegt: Da der Chinese das Leben, den Sinn, die Wahrheit usw. nicht statisch versteht, sondern als Prozess (*Wandlungen*) versteht ist, werden sich bewegende positive (ganze) Striche mit einer Neun und sich bewegende negative (geteilte) Striche mit einer Sechs bezeichnet – ruhende Striche (die keine Eigenbedeutung haben, sondern nur zum Aufbau des Schemas dienen) werden mit einer Sieben oder Acht bewertet und daher gar nicht interpretiert. Um diese Wertungen richtig vorzunehmen, muss im *I-Ging* nachgeschlagen werden.

Die Zeit der großen Weisen und der kanonischen Bücher

Gegen Ende des 2. Jahrtausends wurde die Shang-Dynastie von den **Chou** – im Nordwesten des Shang-Gebietes beheimatete ehemaligen Vasallen der Shang – gestürzt. Herzog **Wu** zwang in einer Revolte den letzten König der Shang zum Rücktritt und rechtfertigte diese Tat mit einem Befehl, den er vom himmlischen Herrn erhalten habe, er solle »der bestechlichen und hassenswerten Herrschaft der Shang den Garaus machen.«

Die Chou-Dynastie (1028 bis 221)

Anfangs kann man die Chou-Zeit mit der neuen Hauptstadt **Xi'an** eine Periode der politischen Konsolidierung nennen: Um den König gruppierten sich Herzöge (= Vorsteher von bedeutenderen Familienclans), die innerhalb ihres Bereichs eine gewisse Selbständigkeit besaßen. Europäische Forscher nannten diese Zeit deshalb nach dem Muster der europäischen Entwicklung die **Feudalzeit.**

Man unterscheidet zwei Zeitperioden: die *Westlichen Chou* (1028–771) und die *Östlichen Chou* (771–221). In der ersten Periode dehnten die Herrscher ihr Gebiet im Norden bis Shansi und Hopeh, im Süden bis zum mittleren Jangtsekiang, im Osten bis Anhwei und Shantung, im Westen bis Shensi aus. Der Staat war in viele kleine Domänen geteilt, die teilweise als Königsland im Besitz des Herrschers waren oder als Lehen an Familienmitglieder, treue Vasallen oder hohe Amtsträger vergeben wurden.

Durch innere Unruhen waren die Chou aber im Jahr 771 gezwungen, die Hauptstadt nach Lo-yang zu verlegen, wo sie sich zwar in ihrer Domäne behaupten konnten, aber mehr und mehr in eine bedeutungslose Repräsentationsrolle hineingedrängt wurden, während sich die mächtigen Vasallen gegenseitig bekriegten. Im 5. Jh. gingen dann durch wechselnde Bündnisse die mehr als hundert Feudal-Herrschaften in etwa zwanzig Fürstentümern auf. Dabei taten sich die *Ch'i* im Osten, die *Chin* im Norden und die *Ch'u* im Süden besonders hervor.

Die Hierarchie von Adeligen, königlichen Beamten und Hofbediensteten, die sich um Kriegsführung, Jagd und das religiöse Zeremoniell kümmerten und in Städten lebten, wurden von Handwerkern und Bauern versorgt, die aber von der *Bronzezeit* noch kaum berührt wurden, sondern weiterhin hauptsächlich Werkzeuge aus Stein benutzten und noch lange die neolithische Struktur bewahrten, also z. B. die Böden nach einigen Jahren der Bebauung brach liegen ließen und anderes Land benützten. Die Rodung der dichten Wälder oder die Entwässerung und Kultivierung der schweren Böden in den Flusstälern wurde noch nicht in Angriff genommen, sondern man sammelte weiterhin die wild wachsenden Früchte und Kräuter und versorgte sich durch Jagd.

Konnte in dieser Zeit der *kämpfenden Reiche* auch keine politische Stabilität erreicht werden, so blühte die Chou-Kultur und die Religion dennoch auf – vor allem durch die rasche Entwicklung der Schrift, die dadurch möglich gewordene Buchkultur und durch große Persönlichkeiten, die das chinesische Geistesleben entscheidend beeinflussten.

Das Entstehen der kanonischen Bücher

In der frühen Feudalzeit entstanden die sechs *kanonischen Bücher*, aus denen wir viel über die Chou-Epoche und ihre Geistigkeit entnehmen können. Der chinesische Terminus dafür ist *ching* (im Deutschen auch mit »Ging« oder »King« transkribiert). In seiner Grundbedeutung heißt dieses Wort »Seide« oder »Kettfaden« (der sich in einem Gewebe findet und die Muster bildet oder unterbricht), und der übertragene Sinn wird schnell deutlich, wenn man weiß, dass man in China in alter Zeit auf Seide schrieb. So wurde dieses Wort verwendet, um die *Bücher der Väter* zu benennen. Ihre Sechs-Zahl sowie ihre Namen verweisen auf die sechs chinesischen Künste.

Weil man später – in der Han-Zeit – davon überzeugt war, dass in diesen Büchern die Weisheit der Väter versammelt sei und weil der große *Konfuzius* es immer als seine Hauptaufgabe angesehen hatte, die Weisheit der Väter zusammenzufassen und in seiner Zeit (Ende 6./Anfang 5. Jh. v. Chr.) neu zu verkünden, sah man in ihm ihren Redaktor, ja sogar Autor.

Letzteres dürfte aber nur für einen Teil der Bücher zutreffen. Da man später in allem auf sie zurückgriff und sich an ihnen orientierte, hatten sie schon in der späteren Chou-Zeit den Charakter von kanonischen Büchern. Es handelt sich um:

Das **Shu-Ging** (= Buch der **Geschichte**)
Das **I-Ging** (= Buch der **Wandlungen**)
Das **Shi-Ging** (= Buch der **Lieder**)
Das **Ch'un-chiu** (= Annalen von **Frühling und Herbst**)
Das **Li-Ging** (= Buch der **Riten**)
Das **Yüeh-Ging** (= Buch der **Musik**)
Das **Hsiao-Ging** (= Buch der **Kindesliebe**)

Bis auf das *Buch der Musik* sind alle erhalten – was deshalb nicht selbstverständlich ist, weil Kaiser *Yong Cheng* zu Beginn der Ch'in-Dynastie zu Ende des 3. Jh. v. Chr. per Edikt alle maßgeblichen Bücher der Chou-Dynastie verbrennen ließ, um den radikalen Neuanfang seiner Herrschaft zu betonen. Sie wurden erst in der folgenden Han-Dynastie (206 v. bis 220 n. Chr.) sorgfältig rekonstruiert – was beim Buch der Musik leider nicht mehr möglich war. An dessen Stelle hat man das für den Konfuzianismus wichtige *Hsiao-Ging* in diesen Rang erhoben.

Das **Shu-Ging** ist ein moralisierendes religiös gefärbtes Erzählbuch, dessen Elemente bis in das 3. Jahrtausend, also in die Zeit der Fabeln und Legenden, zurückreichen. Das sollte vom westlichen Leser nicht abfällig bewertet werden, da dem Chinesen die Symbolik und spekulative Entsprechung, Gleichnisse und Anekdoten wichtiger sind als Fakten und Definitionen, um das, was er sagen will und als Sinn erfasst, auszudrücken. Bezeichnend dafür sind die oben schon angeführten ätiologischen (= Ursprungs-)Hinweise über den Beginn bestimmter kultureller Fertigkeiten in der sagenhaften Hsia-Zeit im 3. Jahrtausend – sogar der Ursprung der eben im Zusammenhang mit den klassischen sechs Büchern genannten »Seide« *(ching)* wird nachgewiesen und der um das Jahr 2.600 lebenden legendären Kaiserin *Si ling-chi* zugeschrieben. Wenn man die außergewöhnliche Bedeutung der späteren *Seidenstraße* als Handelsweg nach Europa bedenkt und die Tatsache, dass die Chinesen durch ihre akribisch genaue

Naturbeobachtung das Seidenspinnen der Seidenraupen beobachteten, diese zu Haustieren machten und die Produktion dieser beliebten Stoffart, die bei Kälte wärmt und bei Wärme kühlt, so zu kultivieren und zu organisieren verstanden, dass sie viele Jahrhunderte lang die ganze Welt mit Seidenstoffen belieferten, ist diese legendenhafte Kleinigkeit bedeutungsvoller, als es aufs erste gesehen den Anschein hat.

Über das **I Ging** wurde schon gehandelt. Im Zusammenhang mit der Chou-Dynaystie ist es aber wichtig zu wissen, dass »vier Heilige als Verfasser des Buchs der Wandlungen angegeben werden: Fu Hi, König Wen, der Herzog von Chou und Kung-tse. *Fu Hi* ist eine mythische Figur, der Repräsentant des Zeitalters der Jagd, des Fischfangs und der Erfinder des Kochens; das will heißen, dass der Ursprung der im I Ging angeführten Zeichen älter ist als jede historische Erinnerung reicht. Die jetzige Sammlung der 64 Zeichen stammt vom *König Wen*, dem Ahnherrn der Chou-Dynastie, der die Zeichen im Gefängnis mit kurzen Urteilen versah, als er vom Tyrannen Chou Sin gefangengehalten wurde. Der Text zu den einzelne Linien stammt von seinem Sohn Dan, dem *Herzog von Chou*, und während der gesamten Chou-Zeit war das I Ging unter dem Namen *Die Wandlungen von Chou* als Orakelbuch im Gebrauch. Dann hat *Kung-tse* (= Konfuzius) das Buch entdeckt und sich in seinem hohen Alter intensiv damit beschäftigt; wahrscheinlich stammt der im III. Teil enthaltene alle 64 Zeichen behandelnde »Kommentar zur Entscheidung« von ihm.

Das **Shi-Ging** ist eine Sammlung von 350 lyrischen Texten – manche naiv-volkstümlich, andere höfisch-feierlich, in sehr verschiedenem Versmaß. Sie reichen teilweise in die Shang-Zeit zurück, stammen aber großteils aus der Blütezeit der Chou-Dynastie und sind ein Zeichen der großen Förderung, welche Musik und Dichtung am Hof der Chou erfuhren. Angeblich soll Konfuzius die Auswahl getroffen und es redigiert haben:

Wie die Fürstin das Frühopfer des Fürsten sorgsam vorbereitet und ihm würdiglich beiwohnt

Wermut abzupflücken geht sie an die Inseln, an die Weiher;
Gehet um ihn zu verwenden bei des Fürsten Opferfeier.

Wermut abzupflücken geht sie an den Bächen in dem Tale;
Gehet um ihn zu verwenden in des Fürsten Ahnensaale.
Hebt ihr Haupt im Schmuckgefunkel bei dem Fürsten früh im Dunkel,
senkt's im Schmuckgefunkel nieder, und gelassen geht sie wieder.

Dank für reiche Ernte
Reich ist das Jahr an vieler Hirse, vielem Reis,
so dass wir in den hohen Speichern
zehn, hundert, tausend Tausend schauen.
Nun lasst uns Wein und Süßwein brauen,
zu opfern Ahnherrn und Ahnfrauen
mit all den Bräuchen, drauf wir trauen.
Des Segens viel ward unsern Auen.

Der »Dichter« Konfuzius klingt im Vergleich dazu so:

Preis geistiger Gemeinschaft
Das Leben führt den ernsten Mann auf bunt verschlungnem Pfade, oft wird gehemmt des Lebens Kraft, dann wieder geht's gerade.
Hier mag sich ein beredter Sinn in Worten frei ergießen, dort muss des Wissens schwere Last in Schweigen sich erschließen.
Doch wo zwei Menschen einig sind in ihrem innern Herzen, da brechen sie die Stärke selbst von Eisen oder Erzen.
Und wo zwei Menschen sich im innern Herzen ganz verstehen, sind ihre Worte süß und stark wie Duft von Orchideen.

Das **Ch'un-chiu** ist wahrscheinlich das einzige der sechs kanonischen Bücher, das wirklich von Meister Kung (**Konfuzius**) persönlich stammt. Es ist eine Geschichte des Landes Lu (im Nordosten Chinas), in dem er geboren wurde und kurzfristig das Amt eines Polizeivorstehers ausgeübt hat. In der Art einer besinnlichen Chronik erklärt der Autor anhand von Berichten und Anekdoten die rechte Übung des *Jen* (= Tugend der Güte und Menschlichkeit) und übt moralische Kritik an den Ursachen der Unruhen.

Das **Li-Ging** ist ein Regelbuch über den richtigen Vollzug des Opfer-Gottesdienstes, über das rechte Befolgen gesellschaftlicher Normen und Verhaltensweisen und über die Wichtigkeit guter familiären Beziehungen, die auch den Verkehr mit den Ahnen mit einschließen. Dieses Buch stand daher in besonderem Ansehen, war sehr angesehen, hatte aber keinen systematischen Aufbau, sondern war – wie auch das *I Ging* – im Laufe der Zeit gewachsen.

Das **Hsiao-Ging** schließlich – das ebenfalls dem Konfuzius zugeschrieben wird, aber wohl von dessen Schüler **Tsang-tse** stammen dürfte – befasst sich nur zu Beginn mit dem Gehorsam und Respekt, den Kinder den Eltern schuldig sind; der größte Teil handelt von den *bürgerlichen Tugenden*, die aber als Entsprechungen von der idealen Kindesliebe (als ihrem Mikrokosmos) abgeleitet und als Basis des richtigen Verhaltens in allen Bereichen verstanden werden: Die Sohnestreue des höchsten Herrschers im Staate seinen Eltern und Ahnen und dem Himmelsherrn gegenüber ist daher Vorbild für alle »Bewohner des Landes zwischen den vier Meeren«. Sie muss sich in Ehrerbietung gegenüber den Erzeugern seines Daseins, aber vor allem in der Bereitschaft zum Opferdienst gegenüber den Ahnen und gegenüber dem Himmel *(t'ien)* auswirken. Man soll *»dem Himmel dienen, indem man gemäß seiner vom Himmel erhaltenen Natur lebt«*.

Leben und Lehre des Konfuzius

K'ung-tse (= Meister Kung) wurde wahrscheinlich 551 v. Chr. in Tschu, unweit der heutigen Stadt Yen-chou in der Provinz Shantung – in der damaligen Domäne Lu – geboren und starb 479 ebendort. Sein Vater, der Offizier *Kung-Shu-Liang Ho*, stammte aus einer vornehmen, aber verarmten Familie und hatte als alter Mann noch einmal geheiratet, um einen Sohn zu bekommen, der die Ahnenopfer darbringen konnte. Er hatte aus erster Ehe nur Töchter und von einer Nebenfrau nur einen Sohn mit verkrüppelten Füßen, der den Opferdienst nicht versehen durfte. Die junge Mutter des Konfuzius hieß *Ching-tsai.* Sein persönliche Name (Milchname) war *Ch'iu* und sein Männername *K'ung-ni.* Das Fu bzw. tse in seinem später üblichen chinesischen Namen *K'ung Fu-tse*

Konfuzius (ca. 551–479 v. Chr.) stammt aus dem Ort Qufu, in dem sein Grab gezeigt wird; es gibt kein authentisches Bild von ihm, aber doch eine gewisse ikonographische Tradition der Darstellung.

ist ein Ehrentitel und bedeutet »Lehrer, Meister«. Der allgemein üblich gewordene Name *Konfuzius* ist die latinisierte Form, in welche die katholischen Missionare (seit Matteo Ricci im späten 16. Jh.), über die zuerst die Kenntnis seiner Lehre zu uns kam, seinen in der chinesischen Überlieferung üblichen Namen übertrugen.

Über seine Jugend ist wenig Sicheres bekannt. Die beste Quelle dafür ist das im 3. Jh. v. Chr. zusammengestellte Buch *Lun Yü* (= gesammelte Worte), das die Gespräche des Konfuzius mit seinen Schülern aufzeichnet. Es enthält aber der chinesischen Art der Überlieferung zufolge sicherlich nicht nur objektive Daten und Fakten, sondern diverse Ausschmückungen und subjektive Deutungen einzelner Aussprüche bzw. über die mindestens 200 Jahre zwischen seinem Tod im Jahr 479 und der Abfassung des Lun Yü sicherlich auch gewisse Differenzen zum ursprünglichen Wortlaut seiner Aussagen.

Er soll erst drei Jahre alt gewesen sein, als er seinen Vater verlor. Seine Mutter ermöglichte ihm aber trotz ihrer Armut eine gute Erziehung, die sein früh erwachtes Interesse für die Tradition (er soll schon als kleines Kind die Opferzeremonien im Spiel in richtiger Reihenfolge nachvollzogen haben) in die rechten Bahnen lenkten. Als Siebzehnjähriger soll er bereits Privatunterricht erteilt und mit neunzehn Jahren geheiratet haben. Sein einziger Sohn starb im Alter von 50 Jahren noch vor ihm.

Einige Jahre lang stand er in untergeordneten Stellungen im Dienste reicher Familien, bis er wegen seines hervorragenden Rufes als Kenner der alten Gebräuche von einem Minister mit der Ausbildung seiner Söhne beauftragt wurde. Mit einem seiner Zöglinge besuchte er im Jahre 517 die Hauptstadt Loyang und konnte dort in die Archive am Chou-Hof Einblick nehmen. Vielleicht ist er dort auch *Lao-tse* begegnet, doch gibt es über dessen Leben keine verifizierbaren Daten. Wegen der politischen Unruhen in Lu – es war insgesamt eine Zeit der Anarchie und des öffentlichen Unrechts; auf diesem Hintergrund tritt seine idealistische Lehre noch deutlicher als religiös fundierter Reformweg in Erscheinung – konnte er dort nie jene praktische politische Wirksamkeit entfalten, die ihm vorschwebte, so hat er wahrscheinlich schon sehr früh einen regelmäßigen Schulbetrieb aufgenommen. Er soll auf einem Podium sitzend und immer nach Süden schauend (die traditionelle Himmelsrichtung des Leiters der Riten) seine Schüler unterwiesen und dabei hohe Anforderungen gestellt haben:

Die, welche sich keine Mühe geben, zu verstehen, lehre ich nichts. Ich kann die, welche nicht sprechen wollen, nicht zwingen, sich zu äußern. Wenn die Leute, nachdem ich einen Winkel einer Frage dargelegt habe, nicht imstande sind, die anderen drei Winkel zu finden, dann werde ich das Gesagte nicht wiederholen.

Helmuth von Glasenapp hat das folgende Lehrerprofil des Konfuzius aus dem Lun-Yü zusammengestellt:

Sein besonderes Interesse gehörte den alten Liedern, der Geschichte und den Riten (7,17), er sprach nie über Zauberkünste und Dämonen (7,20) und nur selten (zu Fortgeschrittenen) über den Lohn der Taten, über die Weltordnung und über die vollkommene Sittlichkeit (9,1). Wenn der Meister unbeschäftigt war, so war er heiter und leutselig (7,4), er war frei von vier Dingen: er hatte keine Privatmeinung, keine Voreingenommenheit, keinen Starrsinn, keine Selbstsucht (9,4). Er war mild und doch würdevoll, Ehrfurcht gebietend und doch nicht heftig, ehrerbietig und doch selbstbewusst (7,37). Er hielt viel auf seine eigene Kleidung (10,6) und auf peinliche Ordnung in seiner Wohnung (10,9). Er sagte: »Ich bin nicht geboren mit der Kenntnis der Wahrheit, ich liebe das Altertum und bin erst im Streben nach ihr.« (7,19) Mit diesen Worten umreißt er, was er als seine Lebensaufgabe ansah: Nicht auf Grund einer ihm von Natur eigenen genialen Veranlagung suchte er intuitiv das Wesen der Welt zu erfassen, sondern vielmehr durch eifriges Studium der großen Tradition der Vergangenheit glaubte er zur Erkenntnis zu gelangen. Sein Prinzip war: »Vieles hören, das Gute darin auswählen und ihm folgen, vieles sehen und sich merken!« (7,27) Er war sich durchaus dessen bewusst, dass er nicht der Schöpfer von etwas Neuem, sondern ein treuer Überlieferer des vorhandenen Guten sei: »Beschreiben und nicht machen, treu sein und das Altertum lieben.« (7,1). Mit großer Bescheidenheit behauptete er nicht von sich, das höchste Wissen und die höchste Sittlichkeit sein eigen zu nennen, wohl aber glaubte er von sich sagen zu können, dass er durch unausgesetzten Fleiß eine hohe literarische Ausbildung erlangt habe, ohne Unterlass nach dem Sittlichen strebe und unermüdlich bemüht sei, andere zu fördern (7,32ff). Seine harte Jugend habe ihm Gelegenheit gegeben, seine Talente zu entwickeln (9,6), ein besonderes, geheimes Wissen nenne er nicht sein eigen (9,7). Gleichwohl betrachtete er sich vom Himmel dazu ausersehen, die von den heiligen Kaisern des Altertums begründete Kultur und Sittlichkeit zu erneuern, und glaubte deshalb, dass die Gegner, die ihm nachstellten, ihm nichts anhaben können (9,5;7,22). Seine Anhänger sagten von ihm, dass der Himmel (t'ien) ihn als seine »Glocke« gebrauche (3,24). Als echter Weiser war er mit wenigem zufrieden, weil er innere Seelenruhe über äußere Glücksgüter stellte. Er sagte: »Solange ich groben Reis als Nahrung, Wasser als Getränk und meinen gebogenen Arm als Kopfkissen habe, kann ich bei all dem noch fröhlich sein. Reichtümer und Ehren, auf unredliche Weise erworben, sind mir gleich fliehenden Wolken.« (7,15) Er hatte stets Ingwer beim Essen und legte sich beim Weintrinken keine Be-

schränkung auf, wurde aber nie trunken. Beim Speisen diskutierte er nicht und zu Hause war er von anspruchsloser Einfachheit, als könnte er nicht reden. Im Tempel, bei Hofe und als Lehrer dagegen sprach er fließend, aber mit Überlegung (10,1).

Den Gang seiner Entwicklung »zum umfassend gebildeten und unermüdlich Ethos und Politik reflektierenden Lehrer und Wegweiser aus dem Geist humanistischer Weisheit« (Hans Küng) charakterisiert Meister Kung selbst so:

Ich war fünfzehn, und mein Wille stand aufs Lernen, mit dreißig stand ich fest, mit vierzig hatte ich keinen Zweifel mehr, mit fünfzig war mir das Gesetz des Himmels kund, mit sechzig war mein Ohr aufgetan, mit siebzig konnte ich meines Herzens Wünschen folgen, ohne das Maß zu übertreten.

Zu seinen Lebzeiten schien Konfuzius nur einen relativ kleinen Kreis von Anhängern gehabt zu haben. Wenn die Tradition 72 Schüler nennt, so scheint es sich dabei eher um eine symbolische Zahl zu handeln. Seine Bedeutung wurde wohl erst bewusst, als nach dem Tod des schon erwähnten Bücherverbrenners Kaiser Yong Cheng gerade Konfuzius als der repräsentative Staatslehrer der konservativen Kreise betrachtet wurde und seine Sammlung der klassischen Bücher gerettet wurde. Es gelang seinen Schülern, das Wesentliche seiner Lehre von Generation zu Generation weiterzugeben, bis im Jahre 141 v. Chr. der Han-Kaiser *Wu-ti* die Konfuzianer mit der Verwaltung des Reichs beauftragten. Von da an bestimmte die Lehre des Meisters mehr als 2000 Jahre lang die öffentlichen Einrichtungen Chinas. Für seine selbstbewusste Aussage: *»Ich kann innerhalb eines Jahres ein verrottetes Staatswesen einigermaßen und innerhalb von drei Jahren wieder vollkommen in Ordnung bringen«* (Lun Yü 13,10), konnte er allerdings nie den faktischen Beweis erbringen, weil er nie wirklich in eine genügend einflussreiche Position berufen wurde.

Von 501 bis 499 war er zwar in seinem Heimatland Lu zunächst Gouverneur einer Stadt, bekam dann das Amt eines Oberaufsehers der öffentlichen Bauten und wurde schließlich sogar Justizminister, doch erregten seine Erfolge schnell den Neid von Rivalen bzw. die Eifersucht benachbarter Fürsten, die den beginnenden Aufschwung von Lu torpedierten, indem

Konfuzius pflegte seine Schüler von einem Podium aus zu unterrichten. Das auf Seide gemalte Bild ist eine Illustration zum ersten Kapitel des »Buchs der Kindesliebe« (Hsiao Ging).

sie – wie die Überlieferung festgehalten hat – den schwachen Fürsten von Lu durch den gezielten Einsatz von »80 anziehenden Tänzerinnen und 125 der schönsten Pferde« zu einem verantwortungslosen Wohlleben verleiteten und schließlich seinen Sturz erreichten. Konfuzius verließ Lu und zog 14 Jahre lang von Staat zu Staat, ehe er als 69-Jähriger nach Lu zurückkehrte und sich die verbleibenden Jahre der Meditation, der Lehre und dem Festhalten der Überlieferungen widmete.

»Konfuzius war nicht im eigentlichen Sinn ein Religionsstifter« (M. Eliade), aber seine Lehre beeinflusste das chinesische Volk zutiefst und veränderte nachdrücklich ihre bisherige Religion. Dies war nur deshalb möglich, weil die Quelle seiner moralischen und politischen Reformen beziehungsweise seiner im ***Konfuzianismus*** geschichtsmächtig gewordenen Lehre sein *Glaube* an die Macht des Himmels *(t'ien)* war, sein *Wissen* um den transzendenten und absoluten Pol *(tao)* und die von dort her gesteuerten inneren Zusammenhänge der harmonischen Weltordnung *(tao)* und sein *Vertrauen* auf die religiöse Funktion bzw. die »gewaltige magisch-religiöse Macht« (M. Eliade) der Riten, Feste und anderen frommen Gebräuche *(li)*, wie etwa der Ahnenverehrung *(ti)*. Und er strebte bei all dem und im alltäglichen Leben nach der Tugend *(te)* und lehrte die Menschen, seinem Vorbild zu folgen – vorab die Herrschenden: *»Durch Tugend (te) regieren, das ist, als sei man ein Polarstern: Er bleibt am gleichen Ort stehen, während die anderen Sterne ehrerbietig um ihn kreisen.* (2,1) … *bei einem korrekten Verhalten hat man es nicht nötig, Befehle zu erteilen (13,6).«*

Zielvorstellung war für Meister Kung der »edle, höhere Mensch« *(chün-tzu)*. Und dieses edle Verhalten ist immer das Ergebnis einer recht verstandenen religiösen Erziehung: *»Ich habe das weitergegeben, was man mir beigebracht hat, ohne Eigenes hinzuzufügen. Ich war den Alten treu und habe sie geliebt«* (7,1). Damit hat Konfuzius Religion und Leben, die vielfach auseinander klaffen oder nebeneinander hergehen, wieder zusammengebracht und der weltlichen Arbeit und sozialen Aktivität eine tiefe religiöse Dimension gegeben, die im ***chinesischen Universismus*** eine zeitlose Gültigkeit hatte, freilich nicht immer durchschaut – und auch nicht immer gelebt – worden ist.

Metaphysische Spekulationen über Gott, den Himmel und das Leben nach dem Tod hielt Konfuzius für unnütz (5,12;7,20;11,11;20,2), auch vor Kontakten mit Geistern warnt Konfuzius; er leugnet nicht ihre Existenz, aber ihre Bedeutung für das Leben eines höheren Menschen, man soll daher einen klugen Abstand von ihnen halten (6,18).

Die Grundlage seines moralischen Systems ist der Glaube, dass der Mensch von Natur aus gut ist und alles Böse an ihm durch mangelnde Einsicht oder störende Einflüsse entstanden ist. Deshalb muss man den Menschen so erziehen, dass er zur richtigen Erkenntnis findet und die störenden Einflüsse abzuwehren versteht. Das beginnt in der Familie und gilt für alle Gemeinschaften bis zur Menschheitsfamilie. Die fünf Grundhaltungen wahrer Sittlichkeit sind Würde, Weitherzigkeit, Wahrhaftigkeit, Eifer und Güte: *»Zeigt man Würde, so wird man nicht verachtet, Weitherzigkeit, so gewinnt man die Menge, Wahrhaftigkeit, so vertrauen einem die Menschen, Eifer, so hat man Erfolg, Güte, so ist man fähig, die Menschen einzusetzen« (17,6).* Das rechte Verhalten zueinander lernt man durch Pflege der folgenden fünf Beziehungen: Vater-Sohn, Ehemann-Ehefrau, älterer Bruder-jüngerer Bruder, Herr-Diener, Freund-Freund.

Bei all dem muss immer der Anstand gewahrt werden: *»Ehrerbietung ohne Anstand wird Kriecherei, Vorsicht ohne Anstand wird Furchtsamkeit, Tapferkeit ohne Anstand wird Unbotmäßigkeit, Aufrichtigkeit ohne Anstand wird Grobheit« (8,2).* Als praktische Richtschnur dient – wie bei Buddha und bei Jesus! – die Goldene Regel: *»Was du nicht willst, dass man dir tu, das füg auch keinem andern zu« (15,23).*

Konfuzius beruft sich bei seinen ethischen Lehren nicht auf göttliche Gebote oder Weisungen und scheint sich damit wesentlich von den anderen Weltreligionen zu unterscheiden – weshalb er sogar von manchen als Atheist eingeschätzt wurde und als Gegner der Metaphysik. Sieht man die Ethik des Konfuzius aber im Zusammenhang des chinesischen Universismus, dann ist er alles andere als ein Freigeist, Skeptiker oder Religionsgegner, sondern ein gläubiger Mensch, »ein konservativer Aristokrat, der ein treuer Interpret der Traditionen der Vergangenheit sein will. Als solcher konnte er die Realität der Götter und Geister ebenso wenig in Zweifel ziehen wie die Wirksamkeit von Opfern und sakralen Riten.« (Glasenapp)

Im Lung-Yü findet man kostbare Aussagen wie die folgende: *»Ein Mensch ohne Glauben: ich weiß nicht, was mit einem solchen zu machen ist. Ein großer Wagen ohne Joch, ein kleiner Wagen ohne Kummet, wie kann man den voranbringen?«* (2,22) Und im Ritenbuch Li-Ging stehen die folgenden bedenkenswerten Worte, die eine tiefe Einsicht in die Wirklichkeit Gottes, unbeirrbaren Glauben und zugleich große Ehrfurcht vor der Transzendenz Gottes und des Heiligen erkennen lassen: *»Wie herrlich sind doch die Geisteskräfte der Götter und Ahnen! Man schaut nach ihnen und sieht sie nicht, man horcht nach ihnen und hört sie nicht. Und doch gestalten sie die Dinge, und keines kann ihrer entbehren. Sie bewirken, dass die Menschen auf Erden fasten und sich reinigen und Feiergewänder anlegen, um ihnen Opfer darzubringen. Wie Rauschen großer Wasser ist ihr Wesen, als wären sie zu Häupten, als wären sie zur Rechten und Linken. In den Liedern steht: Der Götter Nahen lässt sich nicht ermessen, wie dürfte man sie missachten! So weit geht die Offenbarung des Geheimnisvollen, die Unverhüllbarkeit des Wahren.«*

Seine Ehrfurcht vor der Unbegreiflichkeit Gottes äußerte sich auch darin, dass er die Bezeichnung *Shang-ti* (= höchster

Herr), die während der Shang- und Chou-Zeit allgemein üblich war, nicht gebraucht, sondern dafür *T'ien* (= der Himmel) verwendet. Er vermeidet damit den persönlichen Charakter, der in den Offenbarungsreligionen üblich ist – übrigens hat die chinesische Sprache gar kein Wort für »Person« (G. Béky) –, aber von den Chinesen nicht geteilt wird. Sie sehen nicht den Weltenherrn, der sich offenbart und von dessen Willen (oftmals auch scheinbarer Willkür) sich der Mensch abhängig weiß, sondern sie wissen sich eingebunden in das unabänderlich Weltgesetz, das vom Himmel gesteuert wird und hinter dem eine noch größere, höhere Macht als die Götter steht. Wenn man will, kann man darin eine gewisse Gnosis (= höheres, universelles Wissen) sehen, darf sie aber nicht mit der dualistischen Gnosis etwa der Manichäer verwechseln.

Der Konfuzianismus

Wie wir eben gesehen haben, ist das bekannteste Buch des Konfuzius das **Lun-Yü** (= Gespräche), das durch Generationen hindurch im Kreis seiner Schüler gewachsen ist, die in mündlicher Überlieferung die Erinnerung an ihren Lehrer wach hielten. Es erhielt wohl erst in der älteren Han-Dynastie – also zu Beginn des 3. Jh. v. Chr. – seine Endgestalt und zählt zu den **vier klassischen** Büchern, da es am besten die ursprüngliche konfuzianische Lehre wiedergibt. Die anderen Klassiker sind:

Das **Ta-hsüeh** (= Große Lehre), eine kurze moralische Abhandlung
Der **Chung-yung** (= Weg der Mitte), ein vom Enkel des Konfuzius verfasstes Buch über den inneren Gleichmut, den der Weise in allen Situationen bewahren soll.
Die Aufzeichnungen des **Mong-Dsi (= Menzius)**, der die Lehre des großen Konfuzius systematisiert hat und als sein geistiger Nachfolger gilt.

Außer diesen klassischen Werken gibt es aber noch viele Schriften und Kommentare seiner Schüler und späteren Anhänger, welche die Lehre des Konfuzius wiedergeben bzw. weitergeführt haben.

Menzius (372 bis 289 v. Chr.) gilt als der bedeutendste Interpret der Lehren des Konfuzius. Wie sein Lehrer ist er Spross einer alten Adelsfamilie, hat früh seinen Vater verloren, wurde von seiner Mutter erzogen und nahm in jungen Jahren eine sehr erfolgreiche Lehrtätigkeit auf. Er war als Beamter und Ratgeber von Politikern tätig und war wie Meister Kung in seinen späteren Jahren ein Wanderlehrer. Meng-tse (oder Mong-tse) sah seine Lebensaufgabe darin, die Lehren des Konfuzius zu verbreiten, zu verteidigen und zu kommentieren. Aus diesem Grunde wird er auch ***der zweite Weise*** genannt.

Vor allem die Lehre, dass der Mensch von Natur aus gut sei, stellte er in den Mittelpunkt seiner Lehre: Humanität und Pflichtbewusstsein sind nach Menzius dem Menschen angeboren und bilden die Basis für die großen Leistungen, die jeder Mensch erbringen kann. Oftmals – nicht zuletzt durch ein falsches Verhalten der Obrigkeit – erhält er aber gar keine Gelegenheit zur Entwicklung und Entfaltung dieser positiven Anlagen, weil er durch Zwang und Gewalt in eine bestimmte Richtung gepresst wird, die ihn behindert. Das ist nicht nur für die Untertanen schlecht, sondern auch für die Herrscher, deren Macht deshalb keinen Bestand hat. Ein berühmtes Argument des Menzius lautet:

Gäbe es einen solchen Herrscher, der kein Vergnügen darin findet, Menschen zu töten, so würde das ganze Volk die Hälse recken und zu ihm empor blicken. Und wenn er wirklich also wäre, so würde das Volk sich zu ihm wenden, wie das Wasser nach der Tiefe strömt. Wer Güte übt, ist imstande, alles Land innerhalb der vier Meere zu beschirmen, wer dies nicht tut, vermag nicht einmal Weib und Kind zu schützen.

Gegenteiliger Ansicht wie Konfuzius und Menzius war in dieser Frage **Hsün-Tzu** (335 bis 288 v. Chr.), er lehrte das genaue Gegenteil, was die Anlagen betrifft, stimmte aber ansonsten doch mit dem Erziehungsoptimismus des Konfuzius überein:

Die Natur des Menschen ist böse. Was immer in ihm gut ist, ist das Ergebnis erworbener Übung. Die Menschen werden mit der Liebe zum Gewinn geboren; wenn dieser materiellen Neigung Folge geleistet wird, dann sind sie streitsüchtig und geizig, und es geht ihnen jede Höflichkeit und Rücksicht auf andere ab. Sie sind von Geburt an erfüllt von Neid und Hass gegenüber anderen. Wenn man diesen Leidenschaften freien Lauf lässt, dann sind die Menschen grausam und gemein und bar jeder Rechtschaffenheit und jeden guten Glaubens. Bei der Geburt wird der Mensch mit den Begierden des Ohres und des Auges ausgestattet, der Liebe zu Klang und Farbe; wenn er so handelt, wie diese es ihm vorschreiben, dann ist er geil und unordentlich und hat nichts übrig für Gerechtigkeit und Mäßigung oder die Richtschnur richtigen Betragens.

Gekrümmtes Holz muss unter Dampf gesetzt werden, um es in gerade Form zu zwingen. Eine stumpf gewordene Klinge muss man, um sie wieder scharf zu machen, nass machen und wetzen. In ähnlicher Weise muss die Menschennatur, da sie schlecht ist, von Lehrern und Gesetzen behandelt werden, damit sie sich aufrichtet; man muss ihr ›li‹ (= die von Gott stammende Ordnung) *und Gerechtigkeit beibringen, damit der Mensch ordentlich sein kann. Ohne Lehrer und Gesetze sind die Menschen eigensüchtig, böswillig und ungerecht. Wenn ›li‹ und Gerechtigkeit fehlen, dann sind sie zügellos, rebellisch und unordentlich.*

Die Meinung des Konfuzius und Menzius hat sich in der frühen Han-Zeit im sogenannten **Konfuzianismus** durchgesetzt, weil man Lehre und Religion als Einheit verstand und die konfuzianische Kultur sowohl im weltlichen wie im religiösen Bereich pflegte und die fünf erhaltenen kanonischen Bücher als Grundlage für die Beamtenprüfungen verwendete. Später wurden die über 600.000 Schriftzeichen dieser Bücher in Steintafeln eingemeißelt im Konfuziustempel Pekings aufgestellt – zum Zeichen dafür, dass die Lehre des Konfuzius die offizielle Staatsdoktrin darstellt.

Auf steinernen Säulen werden auch die Namen aller geprüften Beamten eingetragen, die sorgfältig ausgewählt und ausgebildet, auf ihr Amt vorbereitet und geprüft sowie ihr Leben lang ökonomisch abgesichert sind und daher einen unabhängigen Beamtenstand bilden. Die Basis dieser »Gesinnungsaristokratie« (Hans Küng) sind Humanität, Pietät und Integrität, und ihre Lebensklugheit *(zhi)* und ihr hohes Ethos bilden die Voraussetzung dafür, dass man ihnen durchaus auch selbstständige Entscheidungen zubilligt und mit einem Minimum an Gesetzen auskommen kann. Diese ***konfuzianischen Bildungseliten*** garantieren deshalb in der Folge über Jahrhunderte hinweg im chinesischen Zentralstaat nicht nur die Selbstverwaltung der Gemeinden, sondern auch gewaltiger Geschichtswerke, in denen die sorgfältig recherchierte große Tradition aufgearbeitet und fortgeschrieben wird.

Diese *Staatshandbücher* nehmen in der Folgezeit jenen Stellenwert ein, den in der Shang-Zeit die Orakelarchive und in der frühen Chou-Zeit die Bronzeinschriften hatten.

Der Konfuzianismus wurde von den Chinesen **Li-chiao** (= rituelle Religion) genannt, er betonte die rituellen Vorschriften und Lehren sowohl im religiösen wie im gesellschaftlich-politischen und privaten Bereich und trug entscheidend dazu bei, sowohl den Ahnenverehrungskult wie den Himmelskult lebendig zu erhalten.

Die von Konfuzius klar gesehene, bewusst ertragene und stets im Gleichgewicht gehaltene Spannung zwischen einem für das Transzendente offenen Humanismus und seinem klar bezeugten Gottesglauben wurde im Konfuzianismus sozusagen institutionalisiert.

Trotzdem haben im Laufe der späteren Entwicklung bereits in der Han-Zeit (206 v. bis 221 n. Chr.) und vor allem auch in den folgenden Jahrhunderten Cliquenkämpfe und Intrigen der verschiedenen Gruppen von Höflingen und die immer stärker werdende Richtung des ***Taoismus*** als »Opposition« gegenüber der »uniformierten« Staatsreligion immer wieder die angestrebte Harmonie gestört, so dass der Vollzug der Riten zu Formalismus und Heuchelei und der Glaube zu Aberglauben und Okkultismus absanken.

Es war bekanntlich einer der wichtigen Punkte der marxistischen Religionskritik – die in China vielleicht mehr noch als in Europa – von der Praxis bestätigt wurde, dass Religion »verderblicher Aberglaube« und »Opium des Volkes« sei.

Hans Küng berichtet in seiner 2001 als Buch zu einer Fernsehserie erschienenen »Spurensuche – die Weltreligionen auf dem Weg«, dass er 1979 als erster westlicher Theologe eingeladen war, in der Chinesischen Akademie der Sozialwissenschaften in Peking über »Wissenschaft und Gottesglaube« zu sprechen, und dass er damals als seine erste These formulierte:

»Wir haben zu unterscheiden zwischen Religion und Aberglauben«. Und er tat dies mit den folgenden bedenkenswerten und auf jede Religion und jeden religiösen Glauben anzuwendenden Worten:

> ***Aberglauben*** *ist, wenn ich einem* ***Irdisch-Relativem absolute göttliche Kraft oder Macht*** *zuschreibe, wenn ich also eine menschliche* ***Person*** *vergöttere (wie das auch im modernen Personenkult geschieht), wenn ich von einem* ***Ding****, einem Amulett oder Bild, Heil oder Unheil abhängig mache. Aberglaube ist, wenn ich einer bestimmten* ***Zahl****, wie in China der Drei, Fünf, Acht oder Neun, magische Kraft zuschreibe oder wenn ich für ein Möbel, ein Haus, gar eine Bank nach den komplizierten Regeln der sogenannten* ***Wissenschaft von Wind und Wasser*** *(feng-shui, Geomantik und Astrologie) den Platz anweisen will, der der einzig günstige Platz ist, der darüber entscheidet, ob dies alles Glück oder Unglück bringt, Gewinn oder Bankrott.*
> *Das alles ist Aberglaube. Aber nicht Aberglaube ist, wenn ich mich für mein Leben einer göttlichen,* ***absoluten Macht, Autorität, Ordnung*** *verpflichtet fühle, wenn also ein Chinese gegenüber dem* ***Himmel*** *als dem Symbol des Klaren, Hellen, Unbegreiflichen, Mächtigen wie Konfuzius* ***Ehrfurcht*** *empfindet und er aus dieser Ehrfurcht heraus dem »Willen des Himmels« folgen will oder der großen Ordnung des Dao.*

Im sogenannten **Neo-Konfuzianismus** setzte ab dem 10. Jh. n. Chr. – als Reaktion auf die große Popularität des Buddhismus und Taoismus – eine Rückbesinnung auf die Wurzeln ein, um die spirituelle Botschaft der weisen Könige wieder zu entdecken, die von Konfuzius und seinen Schülern überliefert wurde.

Dabei griffen die beiden Haupt-Initiatoren **Ch'eng Yi** (1033–1107) und **Chu Hsi** (1130–1200) auch wesentliche Elemente des Buddhismus und des Taoismus auf. Vor allem Chu Hsi entwickelte eine spezifische Form des Dualismus, der an die buddhistische Spekulation erinnert. Für ihn besteht die Natur des Menschen einerseits in einem Anteil am Höchsten Letzten *(li)*, der in allen Menschen derselbe ist, andererseits ist ihre irdische Substanz *(chi)* aber sehr unterschiedlich. Wenn sie unrein ist, ist die Natur des Menschen beeinträchtigt. Dann besteht die Aufgabe der sittlichen Erziehung darin, die ursprünglich gute Natur des Menschen dadurch wiederzugewinnen, dass man alle persönlichen Verfälschungen abstreift. Das wird erreicht durch reflexive Meditation über das Wesen der Wirklichkeit. Der folgende Text aus der *Großen Lehre* ist für dieses Denken bezeichnend:

Diejenigen, die in alten Zeiten der ganzen Welt ein Beispiel glänzender Tugend zu bieten suchten, brachten zunächst ihre eigenen Verhältnisse in gute Ordnung. Aus dem Wunsch heraus, ihre Verhältnisse zu regeln, brachten sie zunächst ihre Familien in Ordnung. Aus dem Wunsche heraus, ihre Familien in Ordnung zu bringen, pflegten sie ihren Charakter. Um ihren Charakter zu pflegen, verbesserten sie ihr Herz. Um ihr Herz zu verbessern, machten sie zuerst ihre Gedanken ehrlich. Um ihre Gedanken aufrichtig zu machen, erweiterten sie zunächst ihr Wissen, wo weit es ging. Diese äußerste Ausweitung ihres Wissens lag in der Ergründung der Dinge.

»Während des gesamten zweiten Jahrtausends unserer Zeitrechnung war der Neo-Konfuzianismus jedenfalls die offizielle Philosophie in China, die die Errichtung einer Republik vorbereitete.« (Julia Ching)

Nach einem halben Jahrhundert Volksrepublik hat die konfuzianische Tradition zwar sehr an Boden verloren, doch es gibt Hinweise darauf, dass die gegenwärtige Regierung doch ihre moralische Bedeutung anerkennt. Ein Indiz dafür ist es, dass seit 1984 der Geburtstag des Konfuzius (28. September) offiziell als *Tag des Lehrers* begangen wird.

Lao-tse und seine Schüler

Bisher ist es nicht gelungen, den zweiten großen chinesischen Weisen **Lao-tse** (= alter Meister) historisch eindeutig zu identifizieren. Die einen (die Taoisten) sehen in dem 604 bis 517 v. Chr. lebenden Li-Peÿang (auch Li-Tan oder Lao-Tan genannt) den legendären Lao-tse und schreiben ihm die Abfassung des **Tao-Te-King** (= Buch vom Weg zur Tugend) zu; dann wäre er ein halbes Jahrhundert älter als Kung-fu-tse und der Taoismus älter als der Konfuzianismus.

Da das Tao-te-King zwar eine Sammlung alter Sprüche und Weisheiten darstellt, die durchaus im 7. oder 6. Jahrhundert entstanden sein könnten, ihre schriftliche Form und

Laotses Lebensdaten sind nicht mehr zu eruieren; es gibt aber zahlreiche Darstellungen, die aber höchst unterschiedlich sind. Hier eine Steinabreibung aus der Tang-Zeit (7./10. Jh.)

Sammlung aber frühestens um 400 erlebt haben kann, wird die relative Gleichzeitigkeit der beiden großen chinesischen Weisen von den meisten Wissenschaftern angezweifelt und gilt als tendenziöse Legende der Taoisten. Andere geben seine Lebenszeit mit Ende des 4. bis Anfang des 3. Jh. v. Chr. an, können aber keine überzeugenden Belege für diese Datierung bringen.

Da es in den als authentisch angesehenen Schriften des Konfuzius, in denen die wichtigen Persönlichkeiten der Zeit vor ihm sehr penibel dokumentiert sind, keinerlei Hinweise auf Lao-tse gibt, nimmt man an, dass er jünger als dieser sein muss.

Die beiden Hinweise des großen *Szuma Ch'ein* im *Shih-Chi* (= Aufzeichnungen des Geschichtsschreibers) aus dem 1. Jh. v. Chr. geben wohl eher die aufgeheizte Stimmung gegen die Taoisten als objektive Fakten wieder:

Lao-Tan sagte zu Kung-fu-tse, als dieser sich bei ihm über seine Sicht der Riten informieren wollte: »Verzichte auf deine hochfahrende Art und auf all deine Wünsche, auf das selbstgefällige Wesen und den überschäumenden Eifer: das alles bringt deiner Person überhaupt keinen Nutzen. Das ist alles, was ich dir sagen kann.« Darauf zog sich Kung-tse konsterniert zurück und gestand seinen Schülern, er kenne alle Tiere und verstehe ihr Verhalten, »aber den Drachen kann ich nicht kennenlernen, er erhebt sich zum Himmel über Wind und Wolken. Heute habe ich Lao-tzu gesehen, er ist wie ein Drache«.

Lao-tzu pflegte das Tao und das Te, nach seiner Lehre muss man sich einem Leben im Verborgenen und Anonymen widmen und darf nicht in der Öffentlichkeit stehen ... als das der Archivar am Hof der Chou erkannte, verzichtete er aus Enttäuschung über die Dekadenz des Königshauses auf sein Amt und ging nach Westen. Vor der Überquerung des Han-ku-Passes übergab er auf dessen Bitten dem Pass-Wächters ein Werk in zwei Teilen, in dem er seine Vorstellungen über Tao und Te darlegte und das mehr als 5.000 Worte umfasste; dann ging er, und niemand weiß, was aus ihm wurde.

Das Tao-Te-King

Wie immer es sich nun wirklich um die Verfasserschaft und die Person des Lao-tse verhält, dieser »tiefste und rätselhafteste Text der gesamten chinesischen Literatur« (M. Eliade) und sein Autor vermögen jedenfalls die allerhöchste Weisheit und Erkenntnis zu lehren. Dabei ist es sehr schwer, schon allein den Buchtitel ins Deutsche zu übersetzen: *King* = Buch, das ist klar, *te* = das wunderbare Wirken des Tao im Menschen, sozusagen die göttliche Tugend, und *Tao* = Weg, aber nur in der Tradition des Konfuzius, nicht mehr bei den Taoisten, denn für sie ist das Tao das Urprinzip, aus dem alles hervorgeht, durch das die Welt erhalten und gestaltet wird – dies aber nicht im Sinne einer abendländischen Definition des Wortes Prinzip verstanden, sondern im Begriffsinhalt viel offener:

Es gibt ein Wesen, gebildet aus dem Unfassbaren, welches vor Himmel und Erde bestand. Still war es, leer, einzigartig und unveränderlich. Es bewegte sich nach allen Richtungen, ohne seinen Bestand zu gefährden. Man kann es als die Mutter der Welt ansehen.

Ich kenne seinen Namen nicht und bezeichne es als Tao. Ihm notgedrungen einen Namen gebend, nenne ich es das Große, das Große nenne ich fortschreitend, das Fortschreitende das unendlich Ferne, das unendlich Ferne das Zurückkehrende. Unfassbar ist es und unerkennbar, aber es birgt Formen in seinem Innern … Tief und dunkel ist es, aber es umschließt Kraft.

Das große Tao wogt hin und her, es kann links und rechts sein. Alle Wesen bauen darauf ihr Leben, und es weist sie nicht zurück. Wenn es sein Werk vollendet hat, so beansprucht es nicht den Ruhm desselben. Es liebt und nährt alle Geschöpfe und spielt nicht den Herrn. Stets ist es wunschlos und kann klein genannt werden. Alle Geschöpfe wenden sich ihm zu, aber es kehrt nicht den Herrn heraus und kann als groß bezeichnet werden. Daher: der heilige Mensch macht sich nie groß, darum kann er seine Größe vollenden. (XXXIV)

Der Unterschied zum Konfuzianismus liegt auf der Hand: Stellt dieser ein metaphysisch fundiertes Moralsystem dar, so ist der Taoismus kontemplative Spekulation und die Maxime seiner Ethik lautet »Handeln durch Nicht-Tun«:

Könnten wir weisen den Weg, es wäre kein ewiger Weg. Könnten wir nennen den Namen, es wäre kein ewiger Name. Was ohne Namen, ist Anfang von Himmel und Erde, was Namen hat, ist Mutter der zehntausend Wesen. Wahrlich: Wer ewig und ohne Begehren, wird das Geheimnis schauen; wer ewig hat Begehren, erblickt nur seinen Saum. Diese beiden sind eins und gleich. Hervorgetreten, sind ihre Namen verschieden. Ihre Vereinigung nennen wir mystisch.

Mystisch und abermals mystisch: die Pforte zu jedwedem Geheimnis. (I)

»Paradoxerweise enthält das Tao-te-king eine große Anzahl von Ratschlägen, die sich an Herrscher und politische oder militärische Führer wenden.« (Eliade) Sie sind aber so frei von jedem konkreten Hinweis darauf, wen der Verfasser konkret gemeint haben könnte, dass sie als »höhere Wahrheit« und komprimierte Weisheit zu verstehen sind und nur scheinbar dieselben Anliegen wie Konfuzius vertreten. Denn dem Taoisten schwebt als Idealbild eine Welt vor, in der der Mensch dem kosmischen Tao seinen Willen unterordnet und in der daraus resultierenden Harmonie im Zustand des *wu-wei* (= Nicht-Tun) und der Gewaltlosigkeit lebt:

Der SINN (= Tao) *ist ewig ohne Machen, und nichts bleibt ungemacht. Wenn Fürsten und Könige ihn zu wahren verstehen, so werden alle Dinge sich von selber gestalten. Gestalten sie sich und erheben sich die Begierden, so würde ich sie bannen durch namenlose Einfalt. Namenlose Einfalt bewirkt Wunschlosigkeit. Wunschlosigkeit macht still, und die Welt wird von selber recht.* (XXXVII)

Wer gut zu führen weiß, ist nicht kriegerisch.
Wer gut zu kämpfen weiß, ist nicht zornig.
Wer gut die Feinde zu besiegen weiß, kämpft nicht mit ihnen.
Wer gut die Menschen zu gebrauchen weiß, der hält sich unten.
Das ist das LEBEN, das nicht streitet; das ist die Kraft, die Menschen zu gebrauchen;
Das ist der Pol, der bis zum Himmel reicht. (LXVIII)

Damit kritisiert Lao-tse das konfuzianische System, wendet sich gegen die hohe Bewertung der Riten, die Hochachtung vor den sozialen Werten und den Rationalismus. Er sieht in der Wohltätigkeit eine schädliche Verhaltensweise, in den Riten den Anfang der Anarchie und im schlussfolgernden Denken eine unzulässige Verabsolutierung relativer Begriffe:

Wer das LEBEN hoch hält, weiß nichts vom Leben; darum hat er Leben.
Wer das Leben nicht hochhält, sucht das Leben nicht zu verlieren; darum hat er kein Leben.
Wer das Leben hochhält, handelt nicht und hat keine Absichten.
Wer das Leben nicht hochhält, handelt und hat Absichten.
Wer die Liebe hochhält, handelt, aber hat keine Absichten.
Wer die Gerechtigkeit hochhält, handelt und hat Absichten.
Wer die Sitte hochhält, handelt, und wenn ihm jemand nicht erwidert,
so fuchtelt er mit den Armen und holt ihn heran.
Darum: Ist der SINN verloren, dann das LEBEN. Ist das Leben verloren, dann die Liebe. Ist die Liebe verloren, dann die Gerechtigkeit. Ist die Gerechtigkeit verloren, dann die Sitte.

Die Sitte ist Treu und Glaubens Dürftigkeit und der Verwirrung Anfang.
Vorherwissen ist des Sinnes Schein und der Torheit Beginn.
Darum bleibt der rechte Mann beim Völligen und nicht beim Dürftigen.
Er wohnt im Sein und nicht im Schein.Er tat das andere ab und hält sich an dieses. (XXXVIII)

Der Begriff des Tao

Im Zentrum der Lehre des Lao-tse steht das **Tao** in seiner höchsten Form als *ch'ang-tao* (= ewiger SINN): *»Der Sinn, der sich aussprechen lässt, ist nicht der* ***ewige Sinn***«. (I,1) Dieses ewige Tao übersteigt die Seinsweise des Seienden und ist deshalb aller Erkenntnis unzugänglich. Man soll nicht versuchen, es zu beweisen, weil etwas Bewiesenes nicht das Letzte sein kann. (Darin sind sich alle großen Mystiker der Menschheit einig.) Darum spricht Lao-tse von einem »zweiten Tao«, das relativ (= kontingent) ist. Doch auch dieses kann nicht erfasst werden:

Man schaut nach ihm und sieht es nicht: Sein Name ist Keim.
Man horcht nach ihm und hört es nicht: Sein Name ist Fein.
Man fasst nach ihm und fühlt es nicht. Sein Name ist Klein.
Diese drei kann man nicht trennen, darum bilden sie vermischt Eines.
Sein Oberes ist nicht licht, sein Unteres ist nicht dunkel,
ununterbrochen quellend, kann man es nicht nennen.
Er kehrt wieder zurück zum Nichtwesen.
Das heißt die gestaltlose Gestalt, das dinglose Bild.
Das heißt das dunkel Chaotische.
Ihm entgegengehend sieht man nicht sein Antlitz,
ihm folgend sieht man nicht seine Rückseite.
Wenn man festhält den SINN des Altertums, um zu beherrschen das Sein von heute,
so kann man den alten Anfang wissen. Das heißt des SINNS durchgehenden Faden. (XIV)

Wer dem »nachsinnt«, kann aber doch insoweit des Tao inne werden, dass er darin das Modell der Vereinigung aller

Gegensätze erkennt: in seiner Einheit bestehen Yin und Yang nebeneinander, miteinander, durcheinander in kosmischer Totalität und Einheit.

Chuang-tse

Dieser zweite große Meister des Taoismus, der wahrscheinlich im 4. Jh. v. Chr. – etwa gleichzeitig mit dem Konfuzianer Menzius – gelebt hat, überliefert in dem ihm zugeschriebenen, aber wahrscheinlich erst von seinen Schülern zusammengestellten **Wahren Buch vom südlichen Blütenland** *(Dschuang-Dsi)* eine aufschlussreiche Anekdote:

Kung Dsi (= Konfuzius) fand eines Tages Lau Dan (= Lao-tse) vollkommen regungslos und nicht mehr den Eindruck eines Lebenden machend. Er wartete eine Zeitlang und meinte dann: »Kann ich meinen Augen nicht trauen oder war das Wirklichkeit? Eben noch erinnerte euer Körper an ein Stück trockenen Holzes, Ihr schient die Welt und die Menschen verlassen und euch in einer unerreichbaren Einsamkeit eingerichtet zu haben.« – »Ja«, sagte Lau Dan, »ich tummelte mich am Ursprung aller Dinge.« – Kung Dsi fragte: »Was bedeutet das?« – Darauf sagte Lau Dan: »Meine Seele ist gebunden und vermag nicht zu denken; mein Mund ist geschlossen und vermag nicht zu reden. Doch will ich dir davon erzählen, was der Sache nahe kommt. Das dunkle Prinzip in seiner höchsten Wirkung ist ernst und still; das lichte Prinzip in seiner Vollendung ist mächtig und wirksam. Das Ernste und Stille geht aus dem Himmel hervor; das Mächtige und Wirksame entsteht aus der Erde. Wenn die beiden sich vereinigen und Harmonie wirken, so entstehen die Dinge. Es ist noch eine geheime Kraft, die diese Tätigkeiten ordnet, aber man sieht nicht ihre Gestalt. Der Wechsel von Zurückebben und Ausatmen, von Fülle und Leere, von Dunkel und Licht, der Wandel von Sonne und die Änderungen des Mondes: das alles findet fortwährend statt, aber man kann nicht sehen, wie es zustande kommt. Das Leben hat einen Anfang, aus dem es hervorsprosst; das Sterben hat einen Endpunkt, zu dem es sich wendet. Anfang und Ende lösen einander ab ohne Unterbrechung, und man kann die letzte Ursache nicht erken-

nen. Wenn es nicht jene geheime Kraft ist, die das regelt, worauf geht dann alles zurück?« ... Kung Dsi sprach: »Euer Leben kommt Himmel und Erde gleich, und dennoch habt ihr wohl höchste Worte der Weisheit vernommen, deren ihr euch bedient, um eure Seele zu bilden. Wer aber von den großen Männern des Altertums war imstande, solche Worte auszusprechen?« – Lau Dan sprach: »Nicht also! Das Wasser eines Sprudels tut selber nichts, sondern folgt einfach seiner Natur. Also verhält sich der höchste Mensch zum LEBEN. Er sucht nichts zu bilden, und dennoch kann sich kein Wesen seinem Einfluss entziehen. Er ist wie der Himmel, der hoch ist durch sich selber, wie die Erde, die fest ist durch sich selber, wie Sonne und Mond, die klar sind durch sich selber. Was bedarf es da der Bildung?« – Kung Dsi verließ ihn und sagte zu Yen Hui: »Ich bin gegenüber dem SINN nicht besser als ein Essigälchen. Hätte der Meister nicht die Decke von meinen Augen gehoben, so hätte ich niemals die große Vollkommenheit von Himmel und Erde erkannt.« (XXI,4)

Lao-tse greift mit seiner mystischen »Reise zum Ursprung der Dinge« die Erfahrungen der altchinesischen Schamanen auf, die sich während ihrer Trance von Raum und Zeit befreien konnten, vertieft ihre Ekstase aber wesentlich bzw. »hebt sie auf eine andere Ebene, denn er überschreitet damit die Bedingungen, die das Menschsein bestimmen, und verändert das ontologische Gesetz, unter dem er steht, vollkommen«. (M. Eliade)

Für den schon genannten **Chuang-tse**, der die Lehren Lao-tses aus dem *Tao-te-King* aufgreift und kommentiert, selbst praktiziert und in manchen Punkten noch weiterführt, ist die vollkommene Erkenntnis nur in der Ekstase erreichbar, weil der Mensch in diesem Zustand über die Dualität des Wirklichen hinausgreift und zur **Einheit des Seins** vorstößt. Der berühmte »Schmetterlingstraum« aus dem *Wahren Buch vom südlichen Blütenland* (II,12) kann das verdeutlichen:

Einst träumte Dschuang Dschou, dass er ein Schmetterling sei, ein flatternder Schmetterling, der sich wohl und glücklich fühlte und nichts wusste von Dschuang Dschou. Plötzlich wachte er auf: Da war er wieder wirklich und wahrhaftig Dschuang Dschou. Nun weiß ich nicht, ob Dschuang Dschou geträumt hat, dass er ein Schmetterling sei, oder ob der Schmetterling geträumt hat, dass er Dschuang Dschou sei, obwohl doch zwischen Dschuang Dschou und dem Schmetterling sicher ein Unterschied ist. So ist es mit der Wandlung der Dinge.

Tuschbild von Nakayama Koyo (18. Jh.) zum »Schmetterlingstraum« des Dschung Dsi.

Die große Gelassenheit, die das Wissen um den Ursprung der Dinge und die Einheit des Seins ermöglicht, vermag auch den eigenen Tod hinzunehmen und ihm mit Gleichmut und Humor zu begegnen, da der Weise nicht mehr am menschlichen Leben in einem vergänglichen Körper hängt und auch den so starken Trieb zur Lebenserhaltung überwunden hat. Die letzte Anekdote aus dem bereits mehrfach zitierten *Wahren Buch vom südlichen Blütenland* mit dem Titel »Der Tod des Dschuang Dsi« bringt das überzeugend zu Ausdruck:

> *Dschuang Dsi lag im Sterben, und seine Jünger wollten ihn prächtig bestatten. Dschuang Dsi sprach: »Himmel und Erde sind mein Sarg, Sonne und Mond leuchten mir als Totenlampen, die Sterne sind meine Perlen und Edelsteine, und die ganze Schöpfung gibt mir das Trauergeleite. So*

habe ich doch ein prächtiges Begräbnis. Was wollt ihr da noch hinzufügen?« Die Jünger sprachen: »Wir fürchten, die Krähen und Weihen möchten den Meister fressen.« Dschuang Dsi sprach: »Unbeerdigt diene ich Krähen und Weihen zur Nahrung, beerdigt den Würmern und Ameisen. Den einen es nehmen, um es den anderen zu geben: warum so parteiisch sein?« (XXVII, 20)

Eine solche Gelassenheit ist natürlich nicht angeboren, sondern das Ergebnis eines langen geistigen Weges. Einen tiefen Einblick in die Herausforderungen, die eine so radikale Suche nach dem allem zugrunde liegenden Sinn, der kosmischen Ordnung und der geistigen Realität der Harmonie irdischer Gegensätzlichkeiten, Vorläufigkeiten und Wandlungen bedeutet, zeigt auch die Reaktion von Chuang-tse auf den Tod seiner Frau, mit der er ein bescheidenes, undramatisches Leben geführt hatte:

Die Frau des Dschuang Dsi war gestorben. Hui Dsi ging hin, um zu kondolieren. Da saß Dschuang Dsi mit ausgestreckten Beinen auf dem Boden, trommelte auf einer Schüssel und sang dazu.

Hui Dsi sprach: »Wenn eine Frau mit einem zusammen gelebt hat, Kinder aufgezogen hat und im Alter stirbt, dann ist es wahrlich schon gerade genug, wenn der Mann nicht um sie klagt. Nun noch dazu hin auf einer Schüssel zu trommeln und zu singen, ist das nicht gar zu bunt?«

Dschuang Dsi gab zur Antwort: »Nicht also! Als sie eben gestorben war, denkst du, dass mich da der Schmerz nicht auch übermannt habe? Aber als ich mich darüber besann, von wannen sie gekommen war, da erkannte ich, dass ihr Ursprung jenseits der Geburt liegt; ja, nicht nur jenseits der Geburt, sondern jenseits der Leiblichkeit; ja, nicht nur jenseits der Leiblichkeit, sondern jenseits der Wirkungskraft. Da entstand eine Mischung im Unfassbaren und Unsichtbaren, und es wandelte sich und hatte Leiblichkeit; die Leiblichkeit verwandelte sich und kam zur Geburt. Nun trat abermals eine Verwandlung ein, und es kam zum Tod. Diese Vorgänge folgen einander wie Frühling, Sommer, Herbst und Winter, als der Kreislauf der vier Jahreszeiten. Und nun sie da liegt und schlummert in der großen Kammer, wie sollte ich da mit

Seufzen und Klagen sie beweinen? Das hieße das Schicksal nicht verstehen. Darum lasse ich ab davon.« (XVIII,2)

Lizius

Das älteste und bedeutsamste taoistische Werk eines Nachfolgers des »alten Meisters« war aber das **Wahre Buch vom quellenden Urgrund** *(Tschung Hü Dschen Ging)* das mit den Namen der beiden taoistischen Weisen **Lieh-tse** (= Meister Lieh) und **Yang Dschu** verbunden ist. Die beiden stellen im Taoismus äußerste Gegensätze dar; deshalb ist dieses Werk auch alles andere als einheitlich. Doch es stellt so etwas wie ein vermittelndes Zwischenglied zwischen der grundsätzlichen Konzeption des Tao-te-King auf der einen und der Zusammenfassung taoistischer Lehren im *Dschuang Dsi* auf der anderen Seite dar.

Liä Yü Kou (= Lieh-tse oder Liä Dsi bzw. **Lizius,** wie er von den westlichen Forschern später genannt wurde) gilt in der chinesischen Tradition als Verfasser oder Herausgeber des *Quellenden Urgrunds.* Er war aber sicherlich nicht der Redaktor des Buches, das wahrscheinlich erst zwischen dem 3. und 6. Jh. n. Chr. die heute bekannte Gestalt erhalten hat, doch seine Bemühungen, die Lehre vom Tao in den verschiedensten Richtungen metaphysisch weiter auszubauen, gaben den Ausschlag, dass man ihm dieses *Wahre Buch vom quellenden Urgrund* zuschrieb. Er lebte wahrscheinlich am Anfang des 4. Jh. v. Chr. – ähnlich wie Chuang-tse in einfachen Verhältnissen als verheirateter Lehrer.

Lizius (Liä Yü Kou), ein Schüler des Laotse, wurde als taoistische Gottheit verehrt. Das Bild stellt ihn als »auf dem Wind fahrenden echten Menschen« dar – mit Krone und Heiligenschein, der bei taoistischen Gottheiten üblich war.

Der Quellende Urgrund ist eine Chiffre für die ewige Erneuerung des Lebens aus dem unauslotbaren Urgrund des Seins, in dem alle Dinge wurzeln, aus dem sie entstehen, wachsen, vergehen und in immer größerer Bewusstheit wieder erstehen. Der Buchtitel stammt übrigens erst vom T'ang-Kaiser *Hüan Dsung* (713–756). Neben vielen Gedanken Lao-tses und noch älterer chinesischer, vielleicht auch indischer Weiser enthält es auch Gedanken des Konfuzius und eine alte taoistische Spruchsammlung, welche *Yin Fu Ging* (= Das Buch der geheimen Ergänzungen) genannt wurde.

Yang Dschu

Es hält aber auch die Erinnerung an **Yang Dschu** fest, den *Menzius* einen »Erzketzer« genannt hat. Seine Lebensumstände lassen sich nicht mehr feststellen, er dürfte aber aus dem Südwesten Chinas stammen und viele Schüler angezogen haben, die seinen »dämonischen Pessimismus« ebenso zu schätzen wussten wie seine Ironisierungen der Übernatur und seine epikureische Sinnenhaftigkeit:

Yang Dschu hatte einen Freund namens Gi Liang. Der wurde krank, und nach sieben Tagen war es sehr schlimm mit ihm geworden. Sein Sohn umarmte ihn schluchzend und wollt einen Arzt rufen. Da sagte Gi Liang zu Yang Dschu: »So weit also treibt mein Sohn seine Dummheit! Willst du mir nicht den Gefallen tun und ein Lied singen, um ihn zur Besinnung zu bringen?« – Darauf sang Yang Dschu das folgende Lied:

»Was kein Gott im Himmel weiß, soll der Mensch es merken?
Keine Hilfe kommt vom Himmel, keine Schuld des Menschen gibt es.
Wahrlich ich und wahrlich du können es nicht wissen;
Ärzte wohl und Zaub'rer wohl, sollten die es wissen?«

Aber der Sohn wurde nicht zur Besinnung gebracht und rief drei Ärzte. Der eine hieß Eisenbart (Kiau), der zweite Einverstanden (Yü), der dritte Schwarz (Lu). Sie untersuchten sein Leiden, und Herr Eisenbart sagte zu Gi Liang: »Wärme und Kälte stehen nicht im Einklang. Geist und Leib haben nicht das rechte Verhältnis. Die Krankheit kommt von Hunger und Sättigung, Genuss und Begierde, Sorgen des Geistes und zerstreuenden Beschäftigungen. Sie kommt nicht vom Himmel und nicht von Geistern; obwohl es schlimm steht, kann man dagegen angehen.« – Gi Liang sprach: »Ein ganz gewöhnlicher Doktor!« Und er trieb ihn hinaus.

Herr Einverstanden sprach: »Bei dir war von Anfang an die Kraft des Mutterleibes nicht ausreichend, die Milch war zu reichlich. Die Krankheit ist nicht von gestern und heute … Sie ist unheilbar.« – Gi Liang sagte »Ein guter Arzt«, und gab ihm zu essen.

Herr Schwarz sprach: »Deine Krankheit kommt nicht vom Himmel noch von Menschen und von Geistern. Als du mit dem Leben deine körperliche Gestalt erhieltest, da hat sie sich gebildet. Der sie gemacht hat, kennt sie auch wohl. Was sollen da Arzneien und Pulver nützen?« – Gi Liang sprach: »Ein göttlicher Arzt' und entließ ihn reich beschenkt«.

Plötzlich wurde die Krankheit von selber wieder gut.

Nicht durch sorgfältige Pflege kann man das Leben verlängern, nicht durch Liebe zum Leben kann man Fülle gewinnen. Ebenso wenig kann man durch Verachtung des Leibes ein frühes Ende herbeiführen oder es durch Vernachlässigung dürftiger machen. Darum kommt es vor, dass wer sein Leben wert hält, es verliert; wer es verachtet, doch nicht stirbt; wer es liebt, nicht seine Fülle gewinnt; wer es unwichtig nimmt, es doch nicht dürftiger macht. … Es kommt auch vor, dass einer sein Leben wert hält und es behält; dass einer es verachtet und stirbt; dass einer es liebt und seine Fülle gewinnt … Das scheint der gerade Lauf zu sein, ist es aber nicht, denn auch das kommt davon, dass Leben und Tod, Fülle und Dürftigkeit auf sich selber beruhen.

Yang Dschu hielt allen Menschen – nicht zuletzt auch den selbstgefälligen Schülern des Konfuzius und des Lao-tse – einen Spiegel vor, der ihnen die Relativität ihrer Ansichten und Absichten zeigte, deshalb galt er vielen als »Ketzer« und »Spötter« – und war doch einer, der konsequent das Weg des wahren Tao ging:

Yang Dschu sprach: »Be I (= berühmter Zeremonienmeister der Vorzeit) *war nicht frei von Begehren; seine übermäßige*

Sucht nach Reinheit brachte ihn dazu, dass er sich dem Hungertod ergab. Dschan Gi (= hoher Beamter im Lande Lu) *war nicht frei von Leidenschaft; seine übermäßige Sucht nach Keuschheit war es, die ihn dazu brachte, dass er sich der Einsamkeit ergab. Also vermag Reinheit und Keuschheit das Gute zu verfehlen.«*

Yang Dschu sprach: »Bequeme Wohnung, schöne Kleider, feine Speisen und schöne Frauen; wer diese vier Dinge hat, was braucht der mehr zu begehren? Wer diese Dinge hat und trotzdem mehr begehrt, der ist eine unersättliche Natur … die aber ist wie eine Made im Haushalt der Welt. Was man zum Beispiel so die Pflichttreue nennt, ist keineswegs ausreichend, dem Herrn, dem man dient, Ruhe zu verschaffen; aber sie ist vollständig ausreichend, das eigne Ich in Gefahr zu bringen. Uneigennützigkeit ist keineswegs auseichend, den Nebenmenschen zu nützen; aber sie ist vollständig ausreichend, das eigene Leben zu schädigen. Wenn erst die Oberen Ruhe finden, ohne auf Pflichttreue angewiesen zu sein, dann wird der Ruhm der Pflichttreue verblassen; wenn erst die Nebenmenschen ihren Nutzen finden, ohne auf ihre gegenseitige Uneigennützigkeit angewiesen zu sein, dann wird der Ruhm der Uneigennützigkeit aufhören. Dass Fürsten und Untertanen miteinander Ruhe finden und die Mitwelt und das eigene Ich miteinander Ruhe finden: das war der Sinn des Altertums.«

Doch auch **Kung-fu-tse** und seine Schüler spielen im *Quellenden Urgrund* eine Rolle, er ist der »berühmte Mann, an den sich alle in ihren Nöten um Rat und Hilfe wenden« (III,9) und der »ausgeglichene Weise«, der den Durchblick hat (IV,4):

Herr Pang aus Tsin hatte einen Sohn, der war in seiner Kindheit klug gewesen. Als er aber heranwuchs, da erkrankte er an Verrücktheit. Hörte er Gesang, hielt er es für Weinen; sah er Weißes, hielt er es für schwarz; roch er Duft, hielt er es für Gestank; schmeckte er Süßes, hielt er es für bitter; tat er Schlechtes, hielt er es für recht. In seinen Gedanken waren die vier Himmelsrichtungen und alles, was auf der Welt ist, in ihr Gegenteil verkehrt.

Ein Mann namens Yang sagte zu seinem Vater: »Der große Mann in Lu (Konfuzius) *kennt viele Mittel und Wege; der kann es vielleicht beseitigen. Willst du ihn nicht befragen?«* *Das Vater ging darauf nach Lu. Als er durch Tschen kam, begegnete er dem Lau Dan* (Lao-tse). *Darum erzählte er ihm den Zustand seines Sohnes.*

Lau Dan sprach: »Wie weißt du denn, dass dein Sohn verrückt ist? Heutzutage ist die ganze Welt im Zweifel über Recht und Unrecht und im Irrtum über Gut und Schlecht. Aber es sind viele, die an derselben Krankheit leiden, darum merkt es keiner. ... Nun lass einmal die ganze Welt sich so fühlen wie dein Sohn, dann bist ungekehrt du der Verrückte. Was traurig ist und freudig, Ton, Farbe, Geruch, Geschmack, Recht und Unrecht: wer kann das unbedingt feststellen? Außerdem ist es auch gar nicht ausgemacht, dass das, was ich da zu dir sage, nicht verrückt ist. Was soll da erst der große Mann in Lu, der ein Verbreiter aller Verrücktheit ist! Wie kann der die Verrücktheiten anderer Menschen heilen? Du tätest wohl besser daran, dein Reisegeld zu sparen und schleunigst wieder heimzukehren.« (III,9).

Dschung Ni (Konfuzius) *weilte einst in der Zurückgezogenheit. Dsi Gung* (einer der bekanntesten Schüler) *trat ein, um bei ihm zu sein. Er aber sah bekümmert aus. Dsi Gung wagte nicht zu fragen. Er ging wieder hinaus und teilte es Yän Hui* (Lieblingsjünger des Konfuzius) *mit. Der ergriff die Zither und sang.*

Meister Kung hörte es, und richtig rief er ihn zu sich hinein und fragte: »Warum bist du in deiner Einsamkeit so fröhlich?« – Yän Hui sprach: »Warum ist der Meister in seiner Einsamkeit bekümmert?« – Meister Kung sprach: »Sag mir zuerst, was dich bewegt.« – Er sprach: »Ich hörte einst den Meister sagen, wer Frieden mit Gott habe und seinen Willen kenne, brauche niemals Kummer zu haben; darum bin ich fröhlich.«

Der Meister Kung errötete und sprach nach einer Weile: »Das hätte ich gesagt? Deine Gedanken sind auf falscher Bahn. Was ich da früher gesagt habe, das bitte ich durch das, was ich jetzt sage, richtig zu stellen: Du hast allerdings erkannt, dass, wer Frieden mit Gott hat und seinen Willen kennt, keinen Kummer hat, aber du hast noch nicht erkannt, dass gerade wer Frieden mit Gott hat und seinen

Willen kennt, den allergrößten Kummer hat. Nun will ich dir sagen, wie es in Wirklichkeit damit steht. Allein sein Selbst veredeln ohne Rücksicht auf Erfolg oder Nichterfolg, erkennen, dass äußere Schicksale und Verluste nicht unser wahres Ich betreffen, und sich nicht die Gedanken des Herzens verwirren lassen, das ist es, was du meinst, wenn du sagst: Wer Frieden mit Gott hat und seinen Willen kennt, hat keinen Kummer. Ich habe einst die Lieder und Urkunden verbessert, die Lebensregeln und die Kunst gereinigt, um der Nachwelt die Mittel zur Ordnung des Erdkreises zu hinterlassen; nicht nur mein eigenes Selbst zu veredeln und den Staat Lu zu ordnen, war meine Absicht dabei. Und doch ging selbst in Lu die Ordnung im Staate verloren. Sittlichkeit und Pflicht verkamen immer mehr; und das Gemüt des Volkes verrohte. … Ich habe zwar erkannt, dass Lieder und Urkunden, Lebensregeln und Kunst keine Rettung aus der Verwirrung bringen können, aber ich habe das Mittel zur wahren Erneuerung noch nicht gefunden. Das ist der Kummer, den man hat, wenn man Frieden mit Gott hat und seinen Willen kennt. Immerhin habe ich die Einsicht erlangt, dass, was man so Friede und Erkenntnis nennt, nicht das ist, was die Alten Frieden und Erkenntnis nannten. Der wahre Friede ist jenseits dieses Friedens. Darum hat man allenthalben Frieden, allenthalben Erkenntnis, allenthalben Kummer und allenthalben Erfolg.«
Yän Hui stand mit gefalteten Händen nach Norden gewandt und sprach: »Auch ich habe die Einsicht erlangt.« Er ging hinaus und sagte es Dsi Gung. Der geriet in äußerste Verwirrung und verlor allen Halt. Er kehrte nach Hause zurück und überließ sich den einstürmenden Gedanken. Sieben Tage lang konnte er weder schlafen noch essen … Yän Hui ging häufig zu ihm und sprach ihm zu. Da kehrte er in die Lehre des Meisters zurück, spielte und sang und sagte die Urkunden her ohne Unterbrechung sein Leben lang. (IV, 1)

Das *Wahre Buch vom Quellenden Urgrund* enthält aber auch eine Reihe von **Volkssagen und Mythen** aus alter Zeit, da sie für die Taoisten willkommene Gleichnisse und Verdeutlichungen ihrer großen Themen darstellen. Sie legen keinerlei Wert auf historische Tatsachen, sondern benützen solche Überlieferungen als bildhaften Ausdruck des beim Weltentstehen, im Weltgeschehen und -vergehen zutage tretenden großen Sinns. Konfuzius und seine Schule hatte die Götterwelt standardisiert und humanisiert und zu einem überweltlichen Beamtenstaat gemacht, da im Zuge der dominanten Ahnenverehrung die »Manen der Abgeschiedenen« *(gui)* die Götter und Geister in den Hintergrund gedrängt und alle für die menschliche Gesellschaft relevanten Funktionen eingenommen haben. Im *Diä Dsi* kommt wieder die ursprüngliche blühend-bunte Mythenwelt zum Vorschein – z. B. im »Gleichnis von den Inseln der Seligen« (V, 2):

> *Tang* (= Begründer der Shang-Dynastie) *fragte: »Gibt es in der Natur einen festen Maßstab für Größe und Kleinheit, Länge und Kürze, Gleichheit und Verschiedenheit?« Gi von Hoa* (= sein Lehrer) *sprach: »Östlich vom Gelben Meer, wer weiß wie viele tausend Meilen weit, ist eine große Untiefe. In Wirklichkeit ist sie ein bodenloser Abgrund, sie heißt das große Grab. Alles Wasser der irdischen Gefilde und der Strom der Milchstraße fließen dorthin. Und doch nimmt es weder zu noch ab. In seiner Mitte waren fünf Berge* (= die Inseln der Seligen): *der eine heißt Dai Yü* (der große Wagen), *der zweite heißt Yüan Kiau* (der runde Gipfel), *der dritte heißt Fang Hu* (die viereckige Urne), der vierte *Ying Dschou* (Atlantis), *der fünfte Peng Lai* (Irrgarten). *Die Berge hatten einen Umfang am unteren Umfang von 30.000 Meilen. Auf ihren Gipfeln war ein ebener Raum, der war 9.000 Meilen groß. Zwischen den Bergen waren Zwischenräume von 70.000 Meilen. Und doch galten sie noch als benachbart. Auf ihren Gipfeln sah man lauter Gold und Edelsteine; Vögel und Tiere waren weiß wie Seide, Bäume von Perlen und Korallen wuchsen in dichten Wäldern; Blumen und Früchte waren duftend und süß. Wenn man davon aß, war man frei von Alter und Tod. Die Leute, die dort wohnten, waren alle Engel und Feen. Jeden Tag und jede Nacht flogen sie zueinander, um sich zu besuchen in zahllosen Scharen.*
>
> *Aber der fünf Berge Wurzeln waren lose, darum schwammen sie immer mit Flut und Wogen auf und ab, hin und her und standen keinen Augenblick fest. Die Engel verdross*

das, und sie sagten es dem Herrn. Der Herr fürchtete, sie möchten nach dem Westpol getrieben werden und so der Wohnplatz der Engelscharen verloren gehen. Darum befahl er dem Yü Giang (= Geist des Nordpols), *15 ungeheure Seeschildkröten zu bringen, die auf ihren Köpfen die Berge tragen sollten. In dreimaliger Wechselfolge sollte jede immer 60.000 Jahre Dienst tun. So wurden die fünf Berge fest und bewegten sich nicht mehr.*
Im Reich des Drachenfürsten aber lebte ein Riese. Der hob den Fuß und kam mit ein paar Schritten an der Ort der fünf Berge, hob mit einemmal sechs der Schildkröten, lud sie auf den Rücken und brachte sie in sein Land. Dort röstete er die Schalen, um Orakel zu gewinnen. So trieben die beiden Berge Dai Yü und Yüan Kiau nach dem Nordpol und versanken im großen Meer. Von den Engeln aber wurden viele Millionen heimatlos. Der Herr ward zornig und verringerte das Reich des Drachenfürsten, dass es bedrückt ward, und verkleinerte seine Bewohner, dass sie kürzer wurden. … Vom Mittelbezirk nach Osten 400.000 Meilen kommt man an das Dsiau-Yau-Reich. Dort sind die Leute anderthalb Fuß hoch … die Dsing-Leute am Nordostpol werden 9 Zoll hoch. … zwischen den Flüssen Giang und Pu entstehen winzige Lebewesen namens Dsiau Ming, die in Scharen herbei fliegen und im Augenwinkel einer Mücke sich sammeln, ohne einander zu stoßen. Und die Mücke merkt gar nichts davon … Nur der Herr der gelben Erde (= Hüang Di, der Begründer der Kultur und des Taoismus), *als er auf dem Kung Tung wohnte und drei Monate fastete, dass sein Herz erstarb und sein Leib welkte, erblickte sie allmählich im Geiste als große Massen und er hörte sie allmählich im Äther als lautes Rollen wie Donner …«*

Die Welt der Erscheinungen geht durch eine Art von Emanationsprozess (Ausfluss) aus dem ewig jenseitigen Ursein hervor und faltet sich, in der Endlichkeit angelangt, in die Welt der sich bedingenden und bekämpfenden Gegensätze. Zu dieser Welt gehören sowohl die unsichtbaren, geistigen Gebiete (von denen eben die Rede war) als die sichtbaren grobstofflichen, die mit dem Namen Erde bezeichnet werden, und auch der Mensch, der zwischen beiden vermittelt. Himmel-Erde-

Mensch sind daher keine individuellen Begriffe, sondern kosmische Seinsweisen, wie der folgende Text in bestechender Klarheit vermittelt:

Meister Liä sprach: »Die alten Wesen nahmen das Lichte und das Finstere als Grundursache der Welt. Aber alles Körperliche entsteht aus Unkörperlichem; so muss doch auch die Welt einen solchen Ursprung haben. Darum sage ich: Es gibt eine Urwandlung, einen Uranfang, ein Urentstehen, eine Urschöpfung. Die Urwandlung ist der Zustand, da die Kraft noch nicht sich ändert. Der Uranfang ist der Zustand, da die Kraft entsteht. Die Urentstehung ist der Zustand, da die Form entsteht. Die Urschöpfung ist der Zustand, da der Stoff entsteht. Den Zustand, da Kraft, Form und Stoff noch ungetrennt durcheinander sind, nennt man Dasein. Dasein bedeutet den Zustand, da die Dinge miteinander und durcheinander sind und noch kein gesondertes Fürsichsein haben. Schaut man darauf, so sieht man nichts, horcht man darauf, so hört man nichts, verfolgt man es, so erhält man nichts; darum heißt es das Wandelbare. Als das Wandelbare hat es keine Schranke der Form. Dieses Wandelbare wechselt und wird zur Eins. Die Eins wechselt und wird zur Sieben. Die Sieben wechselt und wird zur Neun. Die Neun ist der Endpunkt des Wechsels. Aber sie wechselt noch einmal und wird wieder zur Eins. Diese Eins ist die Entstehung der wechselnden Formenwelt. Das Reine und Leichte steigt empor und wird zur unsichtbaren Welt, zum Himmel. Das Trübe und Schwere senkt sich herab und wird zur sichtbaren Welt der Erde. Das, wovon die einigende Kraft ausstrahlt, wird zum Menschen. Darum enthalten Himmel und Erde den Samen, aus dem alle Dinge durch Wandlung erzeugt werden.

Himmel und Erde sind nicht vollkommen, der berufene Mensch ist nicht allmächtig, und die Geschöpfe sind nicht durchaus verwendbar. Denn des Himmels Funktion ist es zu zeugen und zu schirmen, der Erde Funktion ist, zu gestalten und zu tragen, des Berufenen Funktion ist, zu lehren und umzugestalten., der Geschöpfe Funktion ist, ihrer Art zu entsprechen.

Nun aber gibt es außer dem Vorgang des Zeugens noch etwas, wodurch das Zeugen zum Zeugen wird; … das Gestal-

ten zum Gestalten ... das Tönen zum Tönen ... der Geschmack zum Geschmack ...
Was durch das Zeugen erzeugt wird, ist der Tod; aber das, wodurch das Zeugen zum Zeugen wird, ist noch nie zu Ende gekommen. Was durch das Gestalten gestaltet wird, ist die Masse; aber das, was durch das Gestalten zu Gestalten wird, ist noch nie ins Dasein getreten ... Das alles sind die Wirkungen des Nichtseienden. Es vermag in sich die Gegensätze zu vereinen: das Trübe und das Lichte, das Weiche und das Harte, das Kurze und Lange, das Runde und Ekkige, das Leben und den Tod, Hitze und Kälte, Schwimmen und Untersinken, Grundton und Sekunde, Erscheinen und Verschwinden, Dunkles und Gelbes, Süßes und Bitteres, Übelriechen und Duften: Es hat kein Wissen und Können und ist doch allwissend und allmächtig.«

Hier merkt man die große Bandbreite der taoistischen Positionen, denn die eben dargelegte Sicht der Mystiker und Metaphysiker teilt mit dem Religiösen zwar das Bewusstsein vom Tao und das Ziel der Vereinigung der Gegensätze, nur der Weg ist sehr verschieden und reicht im späteren Taoismus vom Denken und Meditieren bis zu allerlei esoterischen Praktiken und alchemistischen Experimenten, um auch die physische Unsterblichkeit zu erlangen.

Der Taoismus als Denksystem und Religion

Der Ausdruck **Taoismus** bezieht sich einerseits auf das von Lao-tse begründete, von Chuang-tse und Lieh-tse ausgeführte und mit zahlreichen Denkansätzen und weiteren Schriften späterer Lehrer angereicherte *philosophische Lehrsystem*, das als Gegengewicht zum sehr diesseitsbezogenen *Konfuzianismus* anzusehen ist (s. oben), andrerseits auf die neben dem Konfuzianismus und dem Buddhismus *dritte der drei chinesischen Religionen.*

In ihrer Frühform geht die **taoistische Religion** wie der Konfuzianismus bis in die Zeit der Wahrsager und Schamanen zurück, welche imstande waren, mit der geistigen Welt der Götter und Ahnen Verbindung aufzunehmen. Diese wurden als Heilige verehrt, nachgeahmt und als Vermittler angerufen. Diese Volksreligion wurde eigentlich immer von der taoistischen Philosophie, welche einen Teil der geistigen Elite Chinas faszinierte, in den Hintergrund gedrängt und fand daher nur bei einzelnen Gruppen bzw. in bestimmten Regionen einen stärkeren Anklang im Volk.

Daran änderte sich auch nicht viel, als gegen Ende des 3. Jh. v. Chr. die besonders von **Tsou-Yen** (323–298) verbreitete Yin-Yang-Lehre in die Volksreligion einbezogen wurde und die taoistischen Priester den Gläubigen beibrachten, dass alles in der Welt entweder ***Yin*** (= dunkel, passiv, weiblich, schlecht) oder ***Yang*** (= hell, aktiv, männlich, gut) ist und dass diese beiden Grundprinzipien oder Energien in allen Wesen wirksam sind. Sie lehrten sie, dass es zu den Aufgabe jedes Menschen – ob Mann oder Frau – gehört, herauszufinden, was in der Natur, im Leben und in dem, was auf einen zu kommt, mehr Yin oder mehr Yang besitzt, und wie man sich dementsprechend zustimmend oder ablehnend zu verhalten hat bzw. dass man immer auf den Ausgleich dieser beiden Kräfte Bedacht nehmen muss, um die kosmische Energie zu bewahren oder wiederherzustellen.

Der im 1. Jh. v. Chr. einsetzende Prozess der Integration einzelner Elemente dieser Volksreligion in die universistische, stark von den Lehren des Konfuzius bestimmte *Reichsreligion*, bedeutete eine arge Schwächung der traditionellen taoistischen Religionsgemeinschaft, ja stellte ihre Existenz in Frage. In dieser Situation gelang es dann einzelnen **Sekten**, das taoistische Anliegen neu zu beleben. Dies war allerdings verbunden mit einer radikalen Neuinterpretation und unter Beimengung verschiedener, teilweise von außen kommender Impulse und Traditionen.

Die taoistische Religion

Eine der wichtigsten Persönlichkeiten dieses **populären Taoismus** war der vom *Zoroastrismus* (= Parsismus) geprägte **Chang Tao ling**. Im 2. Jh. n. Chr. schuf er eine fest gefügte Gemeinschaft in der Art des *Mazdaismus* und baute einen »kirchlichen« Kultus auf, vielleicht indem er teilweise auch den mittlerweile in das Land geholten *Buddhismus* (s. unten) imitierte oder doch auf ihn reagierte. Er wollte mehr in die Breite wirken und dem vom Konfuzianismus und Buddhismus verwöhnten Volk eine **alternative Volksreligion** bieten.

Die als **Fünf-Büschel-Reis-Taoismus** bekannt gewordene Bewegung (dieser Name bezieht sich auf die jährliche Familiensteuer, welche die Mitglieder leisten mussten) entwickelte ein reiches **taoistisches Pantheon** aus Göttern und Geistern, verbunden mit einem kunstvollen Ritual, mit Magie und Kontemplation, Alchemie und unterschiedlichsten volkstümlichen Bräuchen.

An der Spitze dieser hierarchisch strukturierten Kirche stand der **T'ien-shi** (= *Himmelsmeister*), der behauptete, das *Elexier der Unsterblichkeit* gefunden zu haben und die Gläubigen dorthin führen zu können. Er übte sein Führungsamt in Form einer Dynastie aus, d. h. dass jeweils beim Tod des regierenden Himmelsmeisters einer aus seinen Nachkommen durch ein magisches Orakel zum Nachfolger bestimmt wurde. Dieser »taoistische Papst« (Glasenapp) verstand sich als Vertreter des himmlischen »Edelsteinkaisers«, lebte in der Provinz Szuchuan in einer die geistliche mit der weltlichen Macht verbindenden Gemeinschaft (*Taokratie*) und beschäftigte sich hauptsächlich mit Magie. Zu seinen Funktionen gehörte es z. B. auch, für bewährte Adepten und geprüfte Magier Diplome für »Geisterbannung« auszustellen.

Zuerst gelang es der Sekte, die durch die oben angedeutete Entwicklung teilweise verwirrten, im Bestand gefährdeten und führerlos gewordenen Taoisten zu vereinen und mit neuer Motivation zu erfüllen. Ab 186 n. Chr. beteiligten sich diese neuen taoistischen Gruppierungen gegen die ihrem Ende zugehende Han-Regierung und entwickelte sich später zu einer bedeutenden religiösen Macht, mit der sich die konfuzianische Bürokratie in der Sui- und Tang-Zeit (6.–10. Jh.) befassen musste.

Nicht alle Taoisten erkannten aber den *Himmelsmeister* als ihren geistigen Oberherrn an. Hauptsächlich waren es die Exorzisten, Geomanten, Magier und Wahrsager und ihr Klientel im Volk – nicht die Mönche und Nonnen in den zahlreichen taoistischen Klöstern und nicht die Einsiedler, welche die klassische Schule des Tao pflegten und jeweils auch Glaubensgemeinschaften um sich scharten und sich bewusst vom populären Taoismus abgrenzten.

Die Mönche hüllten sich in blaue oder graue Gewänder und trugen ihr Haar in altchinesischer Weise zusammengeknotet. Im *Kloster der weißen Wolken (Po-yün-kuan)* in der Nähe von Peking soll sich das einzige Exemplar des 1120 Schriften umfassenden **Tao-Ts'ang** (Kanon des Taoismus) befinden, eine im 16. Jh. hergestellte Sammlung verschiedenartiger Texte – weitgehend mediale Kundgaben, im Trancezustand übermittelt, daher meist ohne Namen oder Angaben zum Zeitpunkt der Abfassung. Diese Dokumente sind noch kaum wissenschaftlich aufgearbeitet.

Ebenso wurde die Entwicklung des taoistischen Menschenbildes, die intensiven Bemühungen um das Erreichen der Unsterblichkeit, die höchst diffizilen spirituellen Meditations- und Vergeistigungs-Techniken und das mystische Gottesverständnis, die als kostbare Früchte des Glaubens einzelner Chinesen in der Verborgenheit taoistischer Klöster und in unauffälligen kleinen Gruppen in Erscheinung traten, von der politischen Entwicklung insgesamt wenig berührt und sind im Westen kaum bekannt geworden.

Im 1991 posthum erschienenen Abschlussband III/2 des vierbändigen Werkes »Geschichte der religiösen Ideen« des 1986 verstorbenen vergleichenden Religionswissenschafters Mircea Eliade bietet ein Beitrag des Pariser Sinologen *Henri Maspero* interessante Details zu diesem Zusammenhang.

Mircea Eliade hat darauf aufmerksam gemacht, dass die **Suche nach der physischen Unsterblichkeit** »ein entscheidendes Anliegen der taoistischen Religion« ist und dass diese damit der Logik des *Tao* folgt, in dem auch der Gegensatz (irdischer) Tod und (irdisches) Leben aufgehoben ist, wenn dem Menschen bewusst wird, dass er im Urgrund seines persönlichen Mikrokosmos ebenso auf das Tao stößt wie im Makrokosmos, also ewiges Leben birgt, »das niemals von ihm weicht« (Tao Te-King 28). Das letzte Ziel des Adepten ist daher das Erlangen auch der physischen Unsterblichkeit. Dieser Schlussfolgerung können sich westliche Menschen und zumal Christen nicht unbedingt anschließen, weil für sie die griechisch-römische Gegensätzlichkeit von Geist und Materie eine physische – also materielle – Unsterblichkeit unnötig macht, da sie ja nur ihren sterblichen Körper ablegen müssen, um zum ewigen Leben durchzustoßen.

Der Chinese aber denkt anders: Er »unterscheidet nicht zwischen Geist und Materie, weil für ihn die Welt ein kontinuierlicher Prozess ist, der sich ohne Unterbrechung vom Nichts zu den materiellen Dingen entwickelt«. (G. Maspero) Und mit einer *unsterblichen Seele* kann er nichts anfangen, weil seinem Selbstverständnis zufolge jeder Mensch »zu viele Seelen hat, als dass eine von ihnen ein Gegengewicht zum Leib hätte bilden können«. Jeder Mensch hat zwei Gruppen von Seelen, drei übergeordnete *(hun)* und sieben untergeordnete *(p'o)*, die sich nach dem Tod in der anderen Welt trennen: »Im Leben wie im Tod waren diese verschiedenen Seelen sehr verschwommen, vage und schwach. Wenn diese kleine Schar blasser Geister nach dem Tod zerstreut war, wie sie einsammeln und in eine Einheit bringen? Im Gegensatz dazu ist der Leib einmalig; er diente ihnen allen sowie anderen Geistern als Heimat. Und man erhält auch nur im Leib Gelegenheit zur Unsterblichkeit, in der die Persönlichkeit des Lebenden bewahrt und nicht in mehrere Persönlichkeiten aufgespaltet wird, von denen jede als Bruchstück eine eigene Existenz lebt.«

Der normale Weg zur Unsterblichkeit blieb daher die Bewahrung des lebendigen Leibes, und es ging darum, den vergänglichen Leib weiterleben zu lassen und ihn dabei im Laufe des Lebens durch einen unsterblichen Leib zu ersetzen, indem man in sich selbst durch Vergeistigung unsterbliche Körperteile entstehen lässt, die die vergänglichen ersetzen. Wer das lernt, stirbt nicht, sondern »fährt am hellen Tag zum Himmel auf«.

Solche »Entrückung«, die der Taoist »Befreiung des Leichnams« nennt, legt dem taoistischen Gläubigen zahlreiche Verpflichtungen auf, nämlich »den Leib zu nähren«, um ihn umzuwandeln, und »den Geist zu nähren«, um ihn überdauern zu lassen. Ersteres geschah durch bestimmte *Diätkuren* und *Atemübungen*, die geeignet waren, »den mit Unsterblichkeit versehenen Embryo in sich zu erschaffen, damit er sich einniste und heranwachse und den unvollkommenen Leib allmählich in einen unsterblichen umformt, d. h. immer subtiler und leichter macht«. Letzteres geschah durch spezifische *Konzentration* und *Meditation*, welche geeignet waren, »das Einheitsprinzip der menschlichen Persönlichkeit zu verstärken, die Autorität über die transzendenten Wesen im Inneren des Leibes zu vergrößern und diese Wesen zu unterstützen, weil ihre Bewahrung zum Erhalt des Lebens notwendig ist«.

Auf die Details kann hier nicht näher eingegangen werden, sie bestehen in detaillierten Anleitungen, wie die *vier Übungsbündel* (Diät, Atmung, Konzentration, Meditation) systematisch erlernt und synchron angewendet werden müssen, um den gewünschten Erfolg zu gewährleisten. Unterstützt wurde dies mit »Unsterblichkeitsdrogen«, deren Hauptbestandteil »Zinnober« (= Quecksilbersulfid) ist, der in drei Körperbereichen (Gehirn, Herz- und Nabelbereich) vorhanden ist und dort durch Verbindung mit eingeatmeter und in bestimmter Weise zu den drei »Zinnoberfeldern« geleiteter Luft als Essenz freigesetzt wird, die unter Mithilfe der dort residierenden Götter und im Kampf gegen die boshaften »Drei Würmer«, die den Unsterblichkeitsprozess vereiteln wollen, zur Wirkung gebracht wird.

Wer die Drei Würmer abgetötet hat, ist imstande, »sich von Odem zu ernähren« und sich von das Sterben des Leibes fördernden Substanzen frei zu halten und die »Embryonalatmung« durchzuführen, die die Vergeistigung des Körpers beschleunigt. Durch weitere spirituelle Techniken (Innere Schau zur Verbindung mit den Göttern in sich und Mystische Vereinigung mit dem Urgrund) sollen die Götter im Menschen zum Bleiben bewogen werden, und sie kommen solchen Wünschen des Menschen umso lieber nach, je mehr einer durch ein reines Leben und gute Werke ihr Wohlwollen auf sich lenkt – während sie durch seine Fehler vertrieben werden.

Diese *Götter im Menschen* sind aber nicht (nur) die Spender irdischer Güter – die können eher wenig zur Vergeistigung beitragen –, es sind die vom Himmel herabsteigenden hohen Götter und milden Helfer in der Art der buddhistischen Bodhisattvas, welche die Wege zur Unsterblichkeit weisen können. Und mit ihnen versuchen die taoistischen Gläubigen medial in Verbindung zu treten. Sie bitten sie um Kundgaben und um Schutz und Kontrolle gegen Dämonen und übelwollende Gespenster. Und sie schaffen sich dadurch Freunde unter den Göttern, erfahren Namen und Funktionen, ihre Geschichte und ihre Bezüge zur Menschheit und zu anderen Gottheiten. So entstand das so reichhaltige und unüberschaubare taoistische Pantheon, das anfangs makrokosmisch gesehen wurde: Man versuchte, mit herabgestiegenen Göttern in Verbindung zu kommen, indem man z. B. weite Reisen machte. Dann erkannte man, dass es durch kosmischen Entsprechungen all diese Gottheiten ja auch im eigenen Mikrokosmos gibt, und lernte, in den einzelnen Körperregionen Entsprechungen der himmlischen Paläste und anderen Wohnstätten der Götter zu entdecken. Das folgende Beispiel aus dem *Ta-ya miao-Ging* soll dies ein wenig illustrieren:

Über dem Zwischenraum zwischen den Augenbrauen, innerhalb der Stirn, sind rechts der Gelbe Säulengang und links die Scharlachrote Terrasse, die so aufgestellt sind, um den Raum von 1 Zoll Größe zu bewachen (die erste Kammer des oberen Zinnoberfeldes); *zwischen ihnen gehen die großen Götter der Neun Paläste* (die neun Kammern des Gehirns) *hindurch, wenn sie hinein- oder hinausgehen. Die beiden Hüter der Terrasse und des Säulengangs lassen die göttlichen Beamten der Neun Paläste und jene aus- und eingehen, welche die Aufträge des Höchsten Herrn erhalten haben, die Jade-Jünglinge und die kaiserlichen Wagen, die gehen und kommen. Aber sie lassen keine anderen passieren. Wenn ein Bote erscheint, gibt der Neugeborene Kaiserliche Herr den Göttern der beiden Ohren den Befehl, ihn eintreten zu lassen; diese schlagen auf den Gong und die Glocken, um die Delegierten der Neun Paläste zu benachrichtigen, damit sie von seiner Ankunft wissen und sich darauf vorbereiten, ihn ehrerbietig zu empfangen. Diesen Gong und diese Glocken hören die Menschen wie Ohrensausen.*

All dies wird logisch durchgezogen, und so kann *Wu-shang pi-yao,* ein Autor des 5. Jh. n. Chr. sagen, dass es im Leib jedes Menschen drei Paläste, sechs Verwaltungen, hundertzwanzig Barrieren und 36.000 Götter gibt. Wer zu dieser Erkenntnis durchgestoßen ist, sucht und findet die Begegnung mit den Göttern, um die es bei der Unsterblichkeit geht, auf dem Weg der Meditation in sich selbst. Wobei es dem Taoisten nicht um Kennenlernen und gute Beziehungen, um Ratschläge und Offenbarungen geht, sondern um die Bewahrung ihrer Anwesenheit, die für die Bewahrung des Lebens nötig ist.

Die *Innere Schau* besteht dann darin, mit geschlossenen irdischen Augen in der Meditation den betreffenden Gott in seinem Palast in voller Adjustierung bei seiner Arbeit zu sehen. Im Körper ist dafür genügend Licht, da ja jeder Gott eine Lichtgestalt ist. Und es geht bei dieser Meditation nicht um Erkenntnisse oder gar Aktionen, sondern um die Verbindung, und diese folgt dem Grundprinzip des Nicht-Handelns *(wu-wei)*, also in einer tiefen Ekstase, die man *tso-wang* (= sich hinsetzen und das Bewusstsein verlieren) nennt. Äußere Dinge dringen nicht durch, und der Geist ist völlig frei für die Betrachtung der göttlichen Welt – insbesondere des Tao, der höchsten, immer gegenwärtigen Realität.

Die Neuerungen des populären Taoismus

Gegenüber dieser weitergeführten traditionellen taoistischen Lehre bedeuten die Neuerungen des *populären Taoismus* beträchtliche Veränderungen, bei denen deutlich auch der Buddhismus Pate stand:

Die ***Drei Reinen*** stehen an der Spitze der taoistischen Götterwelt: *Yü-huang-shang-ti* (= erhabener Edelsteinkaiser, der Himmelsgott); *T'ai-chi* (= Uranfang; das personifizierte Tao, das als Urmensch P'anku die Welt aus seinem Riesenkörper hervorbachte); *Lao-tse* (= alter Meister, der vergöttlichte Religionsstifter).

Götter und Geister in unüberschaubarer Zahl sind ihre Untertanen; von ihren werden phantastische Mythen erzählt; neben Naturgottheiten sind es vor allem Genien und Schutzgottheiten, zu einem guten Teil divinisierte Menschen (Weise oder Helden).

Ein reichhaltiger ***Jenseitsglaube*** ist Voraussetzung und Basis des umfangreichen taoistischen Pantheons: der verewigte Laotse und andere Heilige wohnen z. B. im Paradies der Königin-Mutter Szi-Wang-Mu des Westens im Gebirge K'un-lun. Andere (z. B. zu Genien gewordene Asketen) wohnen auf einer der im Osten gelegenen fünf Inseln der Seligen. Die »bösen Menschen« gelangen nach ihrem Hinscheiden in die im Innern der Erde befindlichen, in zehn Bereiche geteilten Höllen (Unterwelt), die jeweils von einem Höllenkönig beherrscht werden. Solche Wesen können unter bestimmten Umständen von hier aus als Tiere oder Menschen wieder einen neuen Körper in der Oberwelt annehmen und zu einem weiteren Leben auf die Erde zurückkehren.

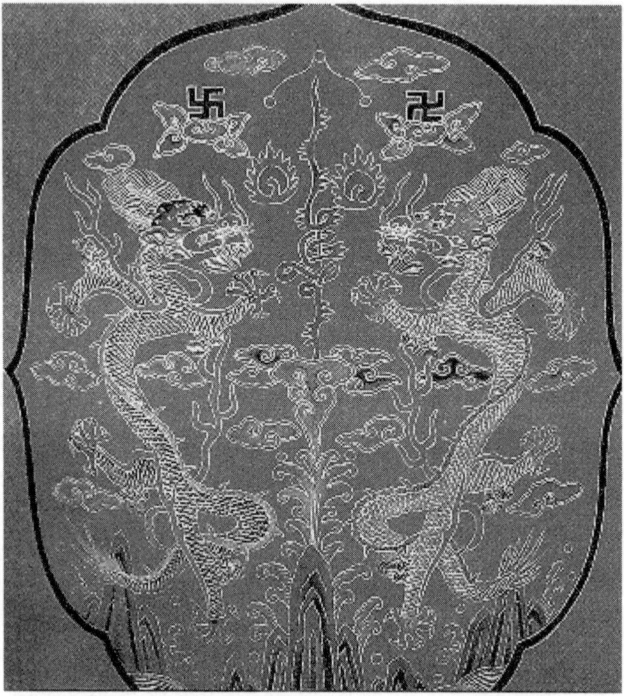

Der chinesische Schriftzug »langes Leben« verbindet hier Himmel und Erde und wird von zwei Drachen flankiert. Die Hakenkreuze sind Symbolzeichen der Sonne und der Fruchtbarkeit. Das Lack-Meditationsbild stammt aus der Ming-Zeit (14./17. Jh.).

Der ***Tempelkult*** besteht aus feierlichen *Opfern* (Darbringung von Speisen und Getränken an die Götter und Genien), oder in einer Art langwieriger, enorm anstrengender tagelanger *Bußrituale* für Tote und Lebende *(chai)*, um ihnen geistige Unterstützung der Gemeinde zukommen zu lassen. Auch *Theateraufführungen*, in denen Mythen dramatisiert wurden, und mit großem Pomp veranstaltete öffentliche *Prozessionen* bereicherten das Angebot.

Die ***Kirchenstruktur*** wurde von Chang Tao-Ling festgelegt und war seit der Han-Dynastie als Heilsreligion für alle konzipiert. Die Kirche war in *zwei Klassen* geteilt: die taoistischen *Gläubigen (tao-shih)*, die danach strebten, sich selbst zu retten, und das taoistische *Volk (tao-min)*, das von den anderen das Heil erwartete. Das fundamentale Element war die lokale Gemeinschaft (vergleichbar den christlichen Pfarrgemeinden). An deren Spitze stand ein fortgeschrittener Gläubiger (*shih*) als Gemeindeleiter und Lehrer, er hatte die Aufgabe, das religiöse und materielle Leben des ihm anvertrauten Volkes zu verwalten. Dieses Amt war erblich und befindet sich da und dort bis heute – also über 2000 Jahre! – in derselben Familie. Dem Lehrer steht eine Art Gemeinderat zur Seite, der aus in der Religion unterwiesenen, wohlhabenden Taoisten besteht, die vor allem für die Organisation der Riten – wie die »Mützenträger« *(kuan-kuan*) oder die »Weinzuteiler« *(chi-chiu)* –, für die Finanzierung der Gemeinde und das Aufbringen der »Kirchensteuer« (5 Scheffel Reis pro Familie und Jahr) wie die »Gönner« *(chu-che)* zuständig waren oder als »Meister des Talisman« *(lu-shih)* den untergeordneten Klerus bildeten und neben den Diensten bei den Riten vor allem für die private magische »Betreuung« des Volkes herangezogen wurden.

In der Bütezeit hatte man die Gläubigen der acht chinesischen Provinzen, in denen die taoistische Kirche vertreten war, in 36 Bezirke aufgeteilt (die jeweils zwischen 6.000 und 10.000 Gläubige umfassten), die von 36 Regionalverantwortlichen *(fang = eine Art Bischöfe)* geleitet wurden. Sie waren die Mitarbeiter des Himmelsmeisters und seiner engsten Vertrauten. Jeder *Fang* setzte seinerseits *Große Führer* (= eine Art Dechant/Dekan) ein, die mit den Gemeindeleitern Kontakt hielten und für sie zuständig waren. Der Lehrer führte über jedes seiner Gemeindemitglieder in seinem »Melde- oder Schicksalsregister« *(ming-chi)* Buch, d. h. er notierte Geburten und Todesfälle, Eheschließungen und besondere Leistungen oder Versäumnisse und benützte dieses *Ming-chi* einerseits für die Eintreibung der »Kirchensteuer«, andrerseits fertigte er Auszüge an, die er dem Schicksalsgott *Ssu-ming* in die andere Welt übermittelte, um ihm die Arbeit zu erleichtern bzw. um den frommen und eifrigen Gläubigen eine Vorzugsbehandlung zu sichern.

Als Dank dafür gab jede Familie von Zeit zu Zeit ein Festbankett *(Ch'u)* für den Lehrer, zu dem eine festgelegte Zahl von Gemeindemitgliedern einzuladen war – verbunden mit Geschenken an den *Shih*. Bei der Geburt eines Sohnes gab es das *Shang-ch'u* (= Großes Mahl) für zehn Gemeindemitglieder, bei der Geburt einer Tochter das *Chung-ch'u* (= Mittleres Mahl) für fünf und beim Tod eines Familienmitglieds das *Hsia- oder Chieh-ch'u* (= Unteres oder Befreiungs-Mahl) mit beliebig vielen Gästen. Solche Festmähler gab es auch zu Neujahr, bei der Bewerbung um ein öffentliches Amt, bei Errettung aus einer Gefahr usw.

Allmählichen erreichte der populäre Taoismus aufgrund der Zahl seiner Gläubigen auch eine gewisse staatliche Anerkennung. Zum Beispiel konnte der Himmelsmeister dem kaiserlichen Kultusminister Vorschläge zur posthumen Erhebung verdienter Persönlichkeiten zu göttlichen Würden (mit Tempel und offiziellen Opfern an einem bestimmten Jahrestag) überreichen.

Von 1016–1930 n. Chr. (bis zur Vertreibung durch die Rote Armee) residierte der jeweilige T'ien-shi dan auf dem *Lung-hu-shan* (= Drachen- und Tigerberg) in der Provinz Kiangsi in Südostchina.

Viel weniger bekannt, aber von größter Bedeutung für das Ansehen des Taoismus als Lehre des wohl größten Weisen, den China je hervorgebracht hat, wurde die **Sekte der Vollständigen Reinheit**, die von *Chiu Chang Chun* 1280 gegründet wurde, als ihn Khubilai Khan, der neue Kaiser und Begründer der Yüan-Dynastie (1280–1368), einlud, sich mit seinen Schülern im *Weißen Wolken-Tempel* in Peking, seiner neuen Residenz, niederzulassen. Chiu Chang Chun nahm das Anerbieten an, und die Mitglieder der Vollständigen Reinheit trugen in der Folgezeit viel dazu bei, ein Gegengewicht gegen die synkretistischen Auswüchse, den Aberglauben und die bedenklichen magischen Praktiken der populären Taoisten zu schaffen.

Die Sekte empfiehlt ihren Mitgliedern sehr strenge asketische Übungen, die aber vom Ziel Lao-tses getragen sind, mit der Natur im Einklang zu leben. Die sind synkretistisch orientiert und verbinden auf einem hohen Niveau Taoismus, Buddhismus und Konfuzianismus zu einer einzigen Religion.

Eine taoistische Gruppe, die in der ersten Hälfte des 20. Jh. taoistische Glaubenslehren und Gebräuche vertrat, ist eine

Sekte, die sich **Durchdringende Einheit** nennt. Sie hat einen deutlich dialektischen Ansatz, und ihre Mitglieder glauben daran, dass jene, die sich von der »Mutter, die über dem Leben steht« leiten lassen, aus allen Weltkatastrophen gerettet werden und einen neuen kosmischen Zustand erreichen können, der jenseits der jetzigen irdischen Wirklichkeit liegt. Unter Verwendung einer sogenannten »Planchette«, die in spiritistischen Séancen verwendet wird, um geistige Botschaften aus dem Jenseits zu erhalten, stehen sie mit dieser »Mutter« und ihren Boten in Verbindung.

Ähnlich kommen auch die Kundgaben in der Sekte **Halle des Tao** zustande, die behauptet, Botschaften der alten taoistischen Gottheit »Der Größte« zu erhalten, und bei denen auch Buddha und Konfuzius hoch im Kurs stehen, wobei bei der Gestaltung der Gottesdienste sowohl christliche wie islamische Elemente verwendet werden. Im Zentrum ihrer Lehre steht der Geist der Weltbruderschaft, der sich in konkreten Werken der Nächstenliebe äußert. Mitglieder dieser Gruppierung leisteten z. B. während des Zweiten Weltkriegs wertvolle soziale Arbeit.

Tschiang-Kai-schek übernahm 1925 die Führung der Kuo-min-tang.

Mao-Tse-tung vertrieb 1949 die Anhänger Tschiang-Kai-scheks nach Formosa.

Nach der Gründung der kommunistischen Partei Chinas und der kommunistischen Revolution, die die 268 Jahre dauernde Herrschaft der Mandschu-Kaiser und die 3.677 (!) Jahre währende Zeit der chinesischen Dynastien beendete, entstanden viele neue, vor allem taoistisch orientierte Geheimgesellschaften, die jedoch 1949 von Mao Tse-tung nach der Gründung der Volksrepublik China aufgelöst wurden. Viele Sektenführer wurden verhaftet, andere flohen nach Formosa/Taiwan – z. B. das letzte Oberhaupt der »Populären Taoisten« (bzw. der »Prinzip Eins-Sekte«, wie sie sich später nannten) –, wo der chinesische Synkretismus weiterhin lebendig ist. Wahrscheinlich ist er es bis zu einem gewissen Grade (zumindest in Elementen) auch noch im kommunistischen China. Besonders der Taoismus hat durchaus Mittel und Wege gefunden, sich in manchem mit dem Sozialismus zu arrangieren und am Umbau der Gesellschaft mitzuarbeiten.

Anlässlich eines Symposiums, an dem im Jahre 1957 Delegierte der taoistischen Mönchs- und Nonnenklöster aus allen chinesischen Provinzen teilnahmen, wurde die ***Chinesische taoistische Vereinigung*** gegründet. Erster Vorsitzender wurde der Abt des Shangant-Klosters – ein Mitglied des Kommunistischen Zentralkomitees der Volkrepublik China.

In welche Richtung die Entwicklung ging und gehen könnte, lässt der folgende Text Mao Tse-tungs erkennen:

> *Chinas Kultur sollte ihre eigene Form, die nationale Form, haben. Die lange Feudalzeit in Chinas Geschichte schuf die glänzende Kultur der früheren Zeiten. Den Prozess klar herauszustellen, durch den diese traditionelle Kultur entstand, ihre feudalen Überbleibsel auszumerzen und ihre demokratischen Wesensbestandteile zu absorbieren – dies sind die Schritte, die gemacht werden müssen, wenn wir unsere neue Nationalkultur entwickeln und unser Nationalvertrauen stärken wollen. Diese Assimilation darf indessen nie unkritisch sein. Wir müssen sorgsam unterscheiden zwischen diesen vollständig verkommenen Elementen an der alten Kultur, die mit der herrschenden Feudalklasse verknüpft waren, und der vortrefflichen Volkskultur, die in ihrem Wesen mehr oder weniger demokratisch und revolutionär war.*

Der chinesische Buddhismus

Über Nepal, den Pandschab, Kaschmir und Zentralasien fand der Buddhismus (siehe dazu auch im Band DER GLAUBE DER BUDDHISTEN) in der Gestalt des ***Großen Fahrzeugs (Mahāyāna)*** Eingang in China. Der östliche Han-Kaiser **Ming-ti** (58–76 n. Chr.) soll der Überlieferung zufolge nach einem Traum, in dem ihm ein »goldener Mann« erschienen war, eine Gesandtschaft nach Indien geschickt haben, die mit zwei buddhistischen Lehrern und dem Text des mahāyānischen *Sūtra in 42 Abschnitten* zurückkam.

Laotse und Konfuzius beschützen den Knaben Siddharta (Buddha). Eine Allegorie auf die religiöse Toleranz in China aus dem 14. Jh.

Der Kaiser ließ das Sūtra ins Chinesische übersetzen und integrierte den Kult Buddhas – der als göttliches Wesen verehrt wurde – in das Gesamt der konfuzianischen und taoistischen Riten, die am Kaiserhof gepflegt wurden. Ein Han-Relief zeigt den Buddha, umgeben von kosmologischen Symbolen und taoistischen Gottheiten, neben einem Elefanten mit sechs Stoßzähnen, der in frommen Buddha-Biographien des Mahāyāna eine Rolle spielte. Daraus könnte geschlossen werden, dass der Buddhismus anfangs als eine exotische Spielform des Taoismus angesehen wurde. Durch die Übersetzung weiterer buddhistischer Bücher wuchs aber allmählich das Verständnis für die Eigenständigkeit der buddhistischen Religion, und es entstanden einige Klöster (in die Chinesen aber erst seit dem 4. Jh. eintreten durften) und Laien-Gemeinden.

Als **älteste buddhistische Gemeinde in China** gilt die bis in das Jahr 148 n. Chr. zurückgehende Gründung des parthischen Buddhistenmönches ***An Shih-kao*** in Lo-yang, der mit anderen verschiedenstämmigen Buddhisten ein vom Kaiser finanziertes Übersetzer-Team bildete, dem Inder, Sogden, Indo-Skythen und Parther angehörten. 30 dieser frühesten Übersetzungen sind bis heute erhalten. Die sprachlichen Probleme waren gewaltig, denn es mussten erst chinesische Entsprechungen für spezifisch indische Ausdrücke gefunden werden – und dies nicht auf direktem Weg, da diese ausländischen Missionare selten das Chinesische und die Sanskrit-Sprache beherrschten. Deshalb die Bildung solcher »Teams«, in denen man sich anhand von Rohübersetzungen und mit chinesischen Helfern sozusagen Wort für Wort der wahren Bedeutung des Originals annäherte. Dazu wurde ein vereinfachtes, **literarisches Chinesisch** geschaffen, in dem auch volkssprachliche Elemente und Neuprägungen Verwendung fanden.

Als die Buddhisten ab dem 5. Jh. n. Chr. die Schutzherrschaft des Hofes und hoher Aristokraten genossen, wurden diese Teams aufgestockt und institutionalisiert. Im Jahr 730 gab es bereits mehr als 2000 übersetzte Werke (Lehrtexte und Kommentare), teilweise auch in mehreren, immer wieder verbesserten Fassungen. Ein Schwerpunkt lag auf kurzen Texten, die sich mit der buddhistischen Meditationstechnik *(dhyāna)* und anderen geistigen Übungen befassten. Es waren aber auch viele Mahāyāna-Schriften darunter, welche in die Erlösungswege durch die Bodhisattvas einführten, und philosophische Schriften, welche die Lehre von der »Leerheit« und vom »Maya« verkündeten und die Grundlage für die spätere, eigenständige chinesisch-buddhistische Philosophie bildeten.

Da weder der Konfuzianismus noch der Taoismus viel über das **Leben nach dem Tod** gesagt hatten, lag darin die große Zugkraft und Chance des Buddhismus. Die Lehren vom Samsāra (Seelenwanderung), von den karmatischen Deutungen eines schweren Schicksals und von der Reinkarnation als

Chance der geistigen Höherentwicklung sowie die buddhistischen Vorstellungen über Himmel und Hölle und die Möglichkeit der Fürbitte für die Verstorbenen fielen in China auf einen fruchtbaren Boden. Der Buddhismus galt als »einfacher Weg« zwischen den vielfältigen rituellen Verpflichtungen des Konfuzianismus und der Magie des religiösen Taoismus.

Der **Han-Buddhismus** blieb wahrscheinlich auf Nord-China beschränkt und hatte sich vor allem durch die Tätigkeit des sinisierten Indo-Skythen **Dharmaraksa** verbreitet, dem allein 150 Übersetzungen zugeschrieben werden. Vor allem die *Lehrschrift des Lotus der Wahren Lehre (Saddharmapundarīkasūtra)* sprach mit dem »einen Fahrzeug für alle« das einfache Volk an und wurde die am meisten verbreitete Schrift des chinesischen Buddhismus, vor allem, als die *T'ien-t'ai-Sekte* im 6. Jh. n. Chr. dieses Sūtra als ihre Hauptschrift propagierte.

In den auf die Han-Zeit folgenden drei Jahrhunderten konnte sich der Buddhismus auch im Süden, vor allem im Gebiet des mittleren Jangtse und in seinem Unterlauf ausbreiten. Der Hauptverbreiter dort war der Übersetzer **Chih Ch'ien**, ein chinesischer Laien-Buddhist, der sprachlich sehr ausgefeilte, aber nicht immer sehr genaue Übersetzungen anfertigte. Er übersetzte als erster die Lehrschrift des Kultes um den Buddha *Amitabha* – den mitleidvollen Buddha des »Westlichen Paradieses«, das in der späteren chinesischen Erbauungsliteratur »Reines Land« genannt wird und großen Anklang fand. Ebenso beliebt wurde das *Vimalakīrta*, das nicht weniger als sieben Mal übersetzt wurde. In seinem Mittelpunkt steht ein reicher Laie, der eine derart tiefe Einsicht in die »Leere« aller irdischen Erscheinungsformen erlangt, dass er auch die berühmtesten Lehrer in Streitgesprächen besiegt. Dieses Buch wurde im 4. Jh. zu einem Bestseller unter den gebildeten Chinesen, die darin ihre Sehnsüchte gespiegelt fanden.

Eines der interessantesten Zeugnisse des frühen Buddhismus in China aber stammte aus dem äußersten Südosten des chinesischen Reiches, nämlich aus jenem Teil des heutigen **Vietnam**, der 111 n. Chr. von den Chinesen erobert wurde, aber unter bodenständiger Verwaltung blieb und mehr als ein Jahrtausend zum chinesischen Reich gehörte. Im 3. Jh. verfasste ein ***Meister Mou*** eine polemische Abhandlung, in der er den Buddhismus gegen Angriffe eines traditionalistischen Widersachers verteidigt, der hauptsächlich gegen die mönchisch Struktur des Buddhismus polemisierte und jeden Hinweis auf himmlische Belohnungen und Höllenstrafen als abergläubisch, barbarisch und volksverführerisch ablehnte. Gegen den hohen Stellenwert der *Sangha* (= Ordenslebens) argumentiert er mit Hinweisen auf die unsoziale und gegen die Werte der Familie gerichtete Lebensweise, die noch dazu unproduktiv sei und in der Verborgenheit des Klosters gefährliche Möglichkeiten zur Konspiration bietet.

Im **mittelalterlichen China** nach der Han-Zeit, als sich viele Chinesen vom politisch unsicheren Norden in südliche Provinzen zurückzogen, fand der Buddhismus auch Eingang in die gehobenere Gesellschaft, die gegen den Konfuzianismus skeptisch geworden war und durch die Beschäftigung mit der taoistischen Spekulation offen für die metaphysischen Reflexionen der Mahāyāna-Philosophie war. Gelehrte Mönche wie **Chih Tun** (314–366) erklärten die buddhistischen Gedankengänge in der Sprache der chinesischen Gedankenwelt und schufen damit die Basis für die spätere chinesisch-buddhistische Philosophie. Jetzt war es auch möglich geworden, als ethnischer Chinese buddhistischer Mönch zu werden, und nicht wenige chinesische Gelehrte wählten diesen Weg und trugen damit zum Renommee des Buddhismus bei. In dieser Zeit gab es bereits viele Klöster, die allgemein als Zentren der Gelehrsamkeit und Bildung geschätzt wurden.

Als der südliche Übersetzer **Fa-hsien** (317–420) von seiner 6-jährigen Reise durch Indien berichtete, gewann er sogar den bedeutendsten Chin-Kaiser **Fu-Chien** (357–385) für den Buddhismus. Um 400 gab es im Chin-Gebiet nicht weniger als 1.700 Klöster mit etwa 80.000 Mönchen und Nonnen!

Das wichtigste Ereignis für den chinesischen Buddhismus war aber die Ankunft des großen Missionars und Übersetzers **Kumāradshīva,** der die Madhyamaka-Philosophie in China einführte und mit dem größten bekannt gewordenen Übersetzerteam einen entscheidenden Beitrag zur Information der Chinesen über die Lehren des Buddhismus leistete.

Der Höhepunkt dieser buddhistischen Expansion wurde unter dem Toba-Wei-Kaiser **Wu** (502–549) erreicht, der ein fanatischer Buddhist war, dem Vorbild des großen indischen

Kaisers *Ashoka,* des Begründers der Buddhistischen Weltmission, folgte, den Taoismus verbot, riesige Summen für den Tempelbau zur Verfügung stellte und selbst in verschiedenen Tempeln als Lehrer predigte. Die meisten dieser Tempel stehen nicht mehr, weil sie aus Holz gebaut waren. Man kann aber diese Pracht heute noch in den riesigen Höhlentempeln bewundern. Die *Yün-kang-Höhlen* bei Ta-t'ung *und die Lung-men-Höhlen* bei Lo-yang wurden in dieser Zeit gestaltet. Sie vereinen in eindrucksvoller Weise chinesische Kunstelemente mit indischen und zentralasiatischen. Die meisten dieser nichtchinesischen Herrscher in Nordchina unterstützten den Buddhismus, verwendeten buddhistischer Mönche als Hof-Magier und Berater und schufen so ein Gegengewicht gegen den Konfuzianismus der Beamtenschaft.

Haupttor der buddhistischen Klosteranlage von Anchin in China.

Neben den protegierten, reichen und berühmten Klöstern und Tempelanlagen gab es auch viele kleine mit nur wenigen Mönchen, die unter dem Volk lebten und so ihre Lebensweise und ihre Lehren zu den Menschen brachten. Naturgemäß blieb das nicht ohne Auswirkungen auf die Gestalt und Lehre des chinesischen Buddhismus. Er erhielt auf diese Weise **neue Elemente**, die stark von taoistischen Bräuchen (die eine gewisse Nähe zum Buddhismus aufweisen) und von volkstümlichen

Überlieferungen bestimmt waren. Mit dem Konfuzianismus gab es in den ersten Jahrhunderten dagegen immer wieder Auseinandersetzungen.

Wie sehr der Buddhismus in China heimisch wurde, zeigt die neue Bauform der **Pagode,** die aus dem indischen Stupa-Tempel entwickelt wurde. Die Pagoden wurden rasch als »typisch chinesisch« empfunden.

Die **letzte Phase der Ausformung** des chinesischen Buddhismus geschah während der **Sui-** und **Tang Zeit** (589–906). Sie war charakterisiert durch unabhängige schöpferische Entwicklungen chinesischer Meister in einer Zeit großer Machtentfaltung. In dieser Zeit war der Buddhismus die lebendigste der drei großen chinesischen Religionen und wurde von den Kaisern unterstützt. Besonders der Begründer der Sui-Dynastie, Yang Chien, der sich Kaiser **Wen** nannte (589–618), trat bewusst als der in der buddhistischen Überlieferung beschriebene »Dreher des Rades« *(chakravartin)* auf. Und die berüchtigte Kaiserin **Wu** (690–705) benützte den Buddhismus als Rechtfertigung, um ihre Machtergreifung zu begründen. Spätere Kaiser gründeten Staats-Tempel und pflegten die Beziehung zu berühmten buddhistischen Meistern.

Einige neue Schulen – sie waren Adaptationen neuer Entwicklungen in Indien – vereinfachten den schweren Weg des Buddha, d. h. machten ihn gangbarer, anregender und passten ihn besser an die chinesische Mentalität an. Dazu gehören:

Der idealistische **Yogācāra-Buddhismus**, den der gelehrte Reisende **Hsüan-tsang** (596–664) nach seiner 16-jährigen Reise durch Indien und Zentralasien in China begründete,

Die **Amida**-Sekte: Glaube an ein inneres Licht, Praxis der dauernden Betrachtung, Hoffnung auf ein glückliches jenseitiges Leben, Glaube in einfachen Formeln.

Der esoterische **Tantrismus.**

Ausgesprochen chinesische Eigenentwicklungen wie die **Ching-t'u**-Sekte »Reines Land«.

Die **Hua-yen**-Sekte mit ihrer »Girlandenlehrschrift«.

Vor allem im 7. Jh. die chinesische Meditationsschule des **Ch'an-Buddhismus** mit ihrer interessanten Mischung aus taoistischen und mahāyānischen Übungen und Begriffen, die dann in der Gestalt des japanischen **Zazen** ihren Siegeszug in der westlichen Welt antrat (s. unten).

Als im Jahre 729 alle Mönche und Nonnen verhalten waren, sich bei den zuständigen Präfekturen registrieren zu lassen, lautete das beachtliche Ergebnis: 126.100 Mönche und Nonnen in 5.358 Klöstern, die mehr als 40.000 Tempel und Schreine verwalteten. Wahrscheinlich umfassten diese Zahlenangaben der Mönche und Nonnen nur die voll ordinierten, denn in der Zeit der großen Verfolgung (842–845) wurden mehr als 260.000 Angehörige des geistlichen Standes gezwungen, in den Laienstand zurückzukehren.

Der kulturell wichtigste Beitrag des Buddhismus war zweifellos die **Erfindung der Buchdruckerkunst** spätestens im 8. Jh. Das älteste erhaltene Buch – das *Diamant-Sūtra* aus dem Jahr 868 – zeigte nämlich bereits eine solche technische Vollendung, dass sie nur das Ergebnis einer mehr als hundertjährigen Entwicklung sein kann. Der erste Druck des gesamten buddhistischen Kanons wurde jedenfalls im Jahre 972 auf Befehl des Kaisers durchgeführt – und erst damals begann man, die Buchdrucktechnik auch für weltliche Zwecke zu nutzen, was ab der Sung-Zeit gang und gäbe wurde.

Im zweiten Jahrtausend unserer Zeitrechnung trat dann der Buddhismus in China eher in den Hintergrund. Er war ein Teil des *Neokonfuzianismus* geworden, blieb in unzähligen Klöstern, aber auch in Tempeln und Pagoden, d. h. im Volk, präsent, erlebte in den Zeiten der Oberhoheit über Tibet eine gewisse Bereicherung bzw. Absicherung, weil der chinesische Buddhismus auf diese Weise »ein vom Lamaismus geprägtes buddhistisches Hinterland erhielt«. (E. Zürcher) Insgesamt aber verfiel der chinesische Buddhismus als eigenständige Religion und Geistigkeit in diesem zweiten Jahrtausend, und eigentlich überlebten nur der Ch'an-Buddhismus, die volkstümliche »Reines-Land«-Frömmigkeit und der Glaube an den Buddha Amitābha (Amida-Sekte).

Welche Rolle der Buddhismus in den vielen **Geheimgesellschaften** und revolutionären Untergrundbewegungen (bei den *Weißer-Lotus-Rebellen*, den *Shaolin-Mönchen*, in der *Buddha-Maitreya-Bewegung* usw.) spielte, kann hier nicht analysiert und bewertet werden – auch nicht der Stellenwert, den z. B. heute in der Bevölkerung der Volksrepublik China die **chinesische Madonna (Kuan-yin)** als weibliche Erscheinungsform des Bodhisattva Avalokiteshvara, eines der Begleiter des mitleidvollen Buddha, hat oder der **Lachende Buddha** (eine sonderbare Verbalhornung der Buddha-Maitreya-Erwartung durch Vermischung mit der Erinnerung an einen exzentrischen Mönch namens Pu-tai »Hanfsack« im 10. Jh.

Das buddhistische Mönchstum hat unter dem **kommunistischen Regime** sein geistliches Leben bewahrt und seine Lebensweise weiterhin sichtbar bezeugt, ja, es hat deutlich erkennen lassen, dass es die soziologischen und politischen Verhältnisse der Menschen entscheidend beeinflusst und dass es deshalb nicht einfach ignoriert, nivelliert oder eliminiert werden kann.

Der Himmelstempel in Peking, in dem der »Sohn des Himmels« (Kaiser) seine universistische Mittlerfunktion ausübte, überdauerte die kommunistische Revolution.

Der Himmelstempel in Peking wurde jedenfalls in der Volksrepublik so etwas wie eine nationale Erinnerungsstätte – und parallel dazu entstand auch eine Erneuerung des Konfuzianismus, an der der Christ Sun Yat-sen und der frühere Buddhist Liang-Sun-ming entscheidenden Anteil hatten. Es entstanden sogar zwei Schulen des Konfuzianismus (Lu-Wang und Li-hsüch), die im Dienste der Verbreitung des reformierten Konfuzianismus stehen. Das kommunistische Regime begegnet den Lehren des Konfuzius mit einer gewissen Toleranz, weil es offensichtlich die Wichtigkeit seiner Lehren in Richtung Weltstaat und Weltfrieden erkennt und um seinen ungebrochenen Einfluss in der Bevölkerung weiß.

Die Entwicklung zur Reichsreligion

Die letzten beiden Jahrhunderte der **Chou-Dynastie** waren von Anarchie und bürgerkriegsähnlichen Zuständen bestimmt, denen die auf Harmonie und Wohlordnung bedachte Lehre des Konfuzius nichts Entscheidendes entgegensetzen konnte.

Viel besser schien in dieser Zeit der politischen Instabilität der frühe Taoismus (s. oben) mit seinem stark individuellen Akzent imstande zu sein, den Menschen einen spirituellen Halt zu bieten. So erlebte er im 4. und vor allem im 3. Jahrhundert v. Chr. eine erste Blütezeit.

Als sich aber schließlich die Anhänger der **Ch'in-Dynastie** – die im westlichen Teil des Landes herrschte – durchsetzten, gelang es **Yong Cheng** nach der Absetzung des letzten Chou-Kaisers im Jahre 249 v. Chr., den ersten chinesischen Einheitsstaat zu etablieren. Und allmählich bekam in dieser neuen zentral gesteuerten Ordnung die Schule des Konfuzius wieder die Oberhand.

Im Jahre 221 nahm König Cheng den Titel **Shih-huang-ti** (= Erster erhabener **Kaiser**) an und teilte das Land in 36 Verwaltungsbezirke. Diese wurden von Beamten verwaltet, die oft versetzt wurden – um Protektionen und damit verbundene Missstände zu vermeiden. Teilweise ging er dabei mit radikalen Maßnahmen gegen separatistische Bestrebungen vor, die mehr zerstörten als aufbauten. Dies gilt vor allem für die vom Kaiser im Jahr 213 angeordnete Bücherverbrennung, mit der er die Erinnerungen an die früheren Zeiten auslöschen wollte. Dabei gingen auch viele kostbaren Überlieferungen – z. B. das *Buch der Musik* (s. oben) – verloren.

Mit dem Tode Chengs (210) zerfiel die Ch'in-Dynastie in Ermangelung einer fähigen Nachfolgers, und aus den Nachfolgekämpfen ging im Jahre 206 **Liu Pang** aus dem Lande Han als Sieger hervor. Er begründet die **Han-Dynastie** (206 v. bis 220 n. Chr.) und führte China in das **klassische Zeitalter:** »Zeitgleich mit dem Römischen Reich im Westen organisieren und leiten die Han ein Imperium, das jenem an Ausdehnung und Bevölkerungszahl nicht nachsteht und mit ihm durch die ›Seidenstraße‹ kommerziell verbunden ist. Bis heute nennen sich die ethnischen Chinesen ›Han-Chinesen‹.« (Hans Küng).

Vom Ch'in-Kaiser Cheng übernimmt Liu Pang die Idee des **Beamtenstaates** und organisiert ihn **zentralistisch-theokratisch**, also nicht absolutistisch-totalitär wie dieser. In diesem neuen Staatsgebilde gewinnen die **Konfuzianisten** immer mehr Einfluss. Sie erreichen ein strenges Prüfungssystem für die Zulassung der Beamten auf der Basis der kanonischen Klassiker des Kung-fu-tse. Und so bleibt in den folgenden 400 Jahren – obwohl es vor allem um die Zeitenwende große Turbulenzen an der Spitze des Staates gab – die Macht in den Händen weniger großer Familien-Clans, die ihre fähigsten Nachkommen zu Staatsverwaltern ausbilden ließen und damit schon eine Art Demokratisierungsprozess einleiteten.

Der bedeutendste Han-Herrscher war **Kaiser Wu-ti** (140–87 v. Chr.), der sowohl außenpolitisch offensiv wurde als auch innenpolitisch die neuen Strukturen des Reiches schuf. Nicht die Priesterklasse, sondern der Kaiser persönlich – als *Sohn des Himmels* mit weltlicher und sakraler Macht ausgestattet – vollzieht den **Staatskult,** und dieser wird voll auf die neue Hauptstadt *Chang-an* (heute: Xi'an) konzentriert. Innen- und außenpolitisch unterstützte ihn die hierarchisch strukturierte **Beamtenschaft:** der *Kanzler* (»Stütze und Helfer«) als Haupt der Beamten, der *Großsekretär* (»Großherr über die kaiserlichen Sekretäre«), der *Großmarschall* (»großer Befehlshaber«) und neun *Minister.* Ähnlich strukturiert sind die Präfekturen und Lehenstaaten und auch die Lokalverwaltung. Sie werden religiös wie politisch zunehmend die Garanten der Stabilität.

Anders als in anderen Kaiser-Ideologien gilt der Kaiser von China aber nie als Gott, er hat immer nur **ein Mandat des Himmels**.

Wu-ti begann seine außenpolitische **Offensive** im Norden und Westen, indem er die Grenzen durch das Anlegen fester Garnisonstädte und die Bergpässe durch ständige Truppenpräsenz schützte. Auf dieser Basis fühlte er sich stark genug zur Expansion, und so erreichten seine Truppen bald das griechische Baktrien und nahmen Berührung mit dem Römischen Reich auf. Durch diese Berührung mit dem »Westland« lernten sie die Kultur des **Hellenismus** kennen – auch neue Kulturpflanzen und den Traubenwein –, und der chinesische Kundschafter *Chang Ch'ien* berichtete nach einer 12-jährigen

Reise dem Kaiser wahrscheinlich schon vom **Buddhismus,** den er in Nordindien kennen gelernt hatte.

Im Jahre 112 v. Chr. besetzen die kaiserlichen Truppen auch das südliche Nan-Yüeh, drangen tief nach Indochina vor und kamen in Kontakt mit den Tai-Völkern. Hanoi, die heutige Hauptstadt Vietnams, war in dieser Zeit eine bedeutende chinesische Siedlung. Das Land blieb aber im Besitz der ursprünglichen Einwohner. Gegen Ende des 2. Jh. v. Chr. begann der Kaiser auch mit der Eroberung Nordkoreas.

Kaiser Wu-ti war während seiner langen Regierungszeit immer härter und zugleich misstrauischer geworden – auch gegen die eigene Familie. So ließ er nicht nur immer wieder die ohnehin gewöhnlich nur vier Jahre im Amt bleibenden Kanzler seiner Zentralregierung umbringen, wenn sie zu wenig willfährig waren, sondern auch den Kronprinzen, den er der Konspiration verdächtigte. So kam es, dass bei seinem Tod im Jahre 87 kein volljähriger Nachkomme vorhanden war. Deshalb folgte ihm der noch unmündige **Chao** als Kaiser nach, und die eigentliche Macht hatte in der Folge der Ho-Clan bzw. jeweils der Clan der Kaiserinnen.

Die Folge war eine deutliche Schwächung des Reiches. Die konnte auch Kaiser **Wang Mang** (9–24 n. Chr.) nicht aufhalten, dessen Reformversuche von den Großgrundbesitzern und Beamten, die vorrangig ihre eigenen Interessen verfolgten, torpediert wurden. 18 n. Chr. kam es unter geschickter Ausnutzung des weit verbreitenden Geister- und Dämonen-Glaubens, zum Aufstand der *Roten Augenbrauen* die sich mit Angehörigen des Kaiserhauses verbündeten und schließlich 24 n. Chr. mit der Eroberung der Hauptstadt die Regierung des Kaisers Wang Mang gewaltsam beendeten. Neuer Kaiser und Begründer der **Östlichen Han-Dynastie** wurde **Kuang-wu** (25–57). Er verlegte die Hauptstadt in das östlich gelegene Lo-yang und beendete im Jahre 27 n. Chr. den Aufstand der Roten Augenbrauen.

Das Reich war aber durch die langen Kämpfe, durch eine gewaltige Überschwemmungskatastrophe des Huangho (der dabei sein Flussbett veränderte, das dicht besiedelte Shantung verheerte und seither nicht mehr südlich, sondern nördlich der Halbinsel Shantung ins Meer mündet) und durch Einfälle der Fremdvölker aus dem Norden so geschwächt, dass erst sein Nachfolger **Ming-ti** (58–76) die Verbindung mit Zentralasien wiederherstellen konnte. Der Überlieferung zufolge soll er den **Buddhismus** ins Land geholt haben.

Erst seine Nachfolger **Chang** (78–88) und **Ho** (89–105) vermochten die Ordnung im Reich einigermaßen wiederherzustellen und die von Kaiser Wu-ti begonnene Expansion fortzusetzen. Am Ende des Han-Imperiums (220) reichten die Grenzen des chinesischen Kaiserreichs vom Stillen Ozean bis Mittelasien und von Hinterindien bis zur Mandschurei.

Mit dem Ende der klassischen Han-Dynastie fand eine **religiöse Trendwende** statt. In den drei folgenden Jahrhunderten – in der **Zeit der Wirren** und **Sechs Dynastien** (4.–6. Jh. n. Chr.) –, als es keine funktionierende Zentralregierung gab und die für den Konfuzianismus so wichtige politische Stabilität fehlte, schlug die große Stunde der **taoistischen Religion**, die in diesen drei Jahrhunderten ihre größte Blüte erlebte.

Mit der Machtergreifung der **Sui-** (589–618) und vor allem während der **Tang-Dynastie** (619–907) begann das sogenannte **chinesische Mittelalter,** und China erlebte sein *Goldenes Zeitalter.* Dieses stand nach dem Willen Kaiser T'angs, der auf die konfuzianische Ordnung setzte und alle Gegenbewegungen beschnitt, im Zeichen des **staatstragenden Konfuzianismus**. In diese ***Reichsreligion*** wurden aber auch viele universistische Gedanken, spirituelle Praktiken und geistige Positionen einzelner taoistischer Weiser mit einbezogen – so dass man mit Hans Küng sagen kann, dass viele Chinesen »Konfuzianer im Tun und Taoisten in der Kontemplation« waren.

Die Folge war, dass die bis dahin blühende taoistische Kirche einen rapiden Niedergang erlebte und mit Ausnahme jener ländlichen Bereiche, in denen sie sich bereits stark eingewurzelt hatte, für immer ihre Bedeutung als chinesische Volksreligion verlor. Dies nicht zuletzt auch deshalb, weil in dieser Zeit der **Buddhismus** erstarkte und offensichtlich gewisse religiöse Bedürfnisse, die weder Konfuzianismus noch Taoismus erfüllen konnten, abdeckte.

Das Zusammenwirken der drei Religionen oder ethisch-denkerischen Systeme Konfuzianismus, Taoismus und Buddhismus ergab im Laufe der Zeit einen für westliche Menschen fast unverständlichen **religiösen Eintopf**: *»Im Bereich* *westlicher Religion ist es praktisch undenkbar, dass jemand gleichzeitig katholisch, evangelisch und Jude, oder Christ und Muslim ist. In Taiwan dagegen ist es durchaus üblich, dass man sich für die Hochzeit und Bestattung an buddhistische Mönche wendet, für gewisse Zukunftsorakel taoistische Würdenträger befragt und am Geburtstag des Konfuzius in den Konfuziustempel geht. Ja, in einigen Tempeln wissen die dort Diensttuenden selbst nicht zu sagen, ob der betreffende Tempel taoistisch oder buddhistisch ist.«* (Peter Antes)

Im synkretistischen Pantheon der Reichsreligion fanden sich Gottheiten der verschiedensten Herkunft. Da gibt es die alten Naturgottheiten ebenso wie eine große Zahl buddhistischer Heiliger und sogar brahmanischer Götter, da gibt es Heilige im Sinn des Taoismus und vergöttlichte historische Heroen. Unter dem Namen *die drei Heiligen* wurden z. B. Lao-Tse, Buddha und Konfuzius gemeinsam verehrt und dargestellt.

Im Volk beliebt waren auch bildhafte Darstellungen des ganzen Pantheons in vereinfachter Form: 66 höhere Wesen

Diese Figur auf einer Säule im Shaolin-Tempel bei Lo-yang in China ist zugleich Buddha, Laotse und Konfuzius und symbolisiert die im Bewusstsein der weit verbreitete Einheit der drei Religionen.

übereinander in fünf Reihen angeordnet. Daneben gibt es »die drei Reinen«, »die drei Beamten« oder »die drei Anfänge«. Eine deifizierte historische Persönlichkeit ist der Kriegsgott Kuan-ti, der am Ende der Han-Zeit (162–220) lebte und als »Verteidiger der verlorenen Sache« in die Heldengeschichte Chinas eingegangen ist.

Besonders populär waren in China buddhistische Darstellungen wie der *künftige Buddha* (= Buddha Maitreya), strahlend von Lebenslust, feist, mit lachendem Gesicht, entblößtem Bauch, auf einem Thron sitzend, in der einen Hand ein Beutelchen mit den Keimen aller vergangenen Welten, in der anderen einen Rosenkranz haltend. Dieser als künftiger Retter erwartete Maitreya wohnt jetzt noch im Himmel und wird einmal voll Liebe und Mitleid herabsteigen – ungefähr 5.000 Jahre nach dem Eintritt des historischen Buddha in das Nirvana. Die Göttin der Barmherzigkeit *Amida* (= Buddha Amitabha) und die *tausendarmige Kuan-yin* (= Bodhisattva Avalokiteshvara) sind zwei hochverehrte helfende Göttinnen.

Bedeutsam waren auch die *Drachentempel* – verehrt wurde der Drache als Regenspender und Erntegarant. Zahlreiche andere Gottheiten, die hier nicht einmal aufgezählt werden können, gab es im Laufe der Zeit. Viele gerieten in Vergessenheit, neue tauchten auf.

Eine große Rolle spielte auch die **Jenseitsvorstellung**: Die Unterwelt war ein großer Verwaltungsapparat bzw. Gerichtshof – 138 verschiedene Strafplätze werden der Vielfalt menschlicher Vergehen durchaus gerecht; nach Ablauf der Strafe wird die Seele wiedergeboren und kann ihren Weg neu beginnen.

Die Chinesen feiern bis heute sehr intensiv den *Jahreslauf*. Dieser beginnt mit dem **Neujahrsfest**, einem Frühlingsfest, zu Beginn der ländlichen Wirtschaftsperiode (= bewegliches Fest zwischen dem 21. Jänner und 19. Februar), dabei spielen der Herdgott, die Torgötter und der Reichtumsgott sowie die Ahnenverehrung in jeder Familie eine große Rolle. Das mit dem Neujahrsfest in Zusammenhang stehende Laternenfest bedeutet eine Art Feuer-Fruchtbarkeits-Magie. Viele andere Feste begleiten den Jahreslauf.

Auch die drei **Lebenswenden** Geburt, Hochzeit und Tod werden mit religiösen Riten begangen und stellen den Menschen

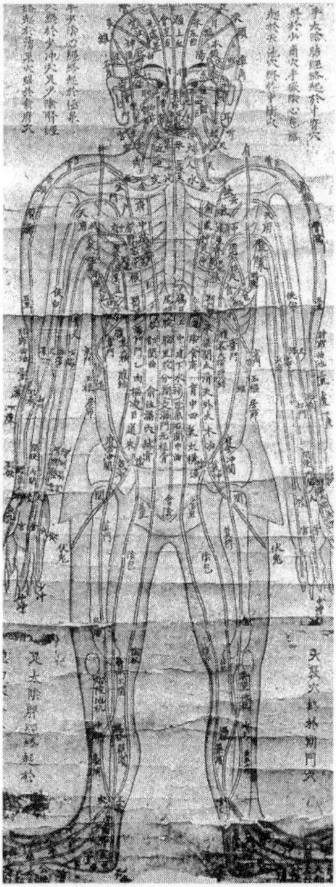

In den 14 unsichtbaren »Meridianen« des Körpers fließt nach Ansicht der chinesischen Medizin die Lebensenergie und darf nicht blockiert werden. Darstellung aus der Ming-Zeit (14./17. Jh.).

mitten in die übersinnliche Welt der Götter, Geister und Dämonen, in das wirkliche Sein bzw. in den Wirkbereich Gottes.

Diese Reichsreligion blieb auch dominant, als die Mongolenherrschaft das chinesische Mittelalter beendete und **Khubilai-Khan** 1276 ganz China erobert hatte, die **Yüan-Dynastie** (1279–1368) begründete und seine Residenz von Karakorum nach Peking verlegte, das er prächtig ausbauen ließ. Zum ersten Mal war das gesamte chinesische Staatsgebiet unter fremder Herrschaft – und China war zwar vielleicht die Mitte, aber nur ein Teil des riesigen Reiches, das jetzt vom Himalaya bis nach Ostsibirien und vom Chinesischen Meer bis zum Schwarzen Meer reichte und eine duale (mongolisch-chinesische) Verwaltung erhielt. Da sich die Mongolen gegenüber den Religionen meist sehr tolerant verhielten, konnte die chinesische Reichsreligion fast ungehindert agieren – und sie erfreute sich sogar einer gewissen Belebung durch schamanische Elemente, die seit den Zeiten der **We-Dynastie** (386–534), der **Liao-Dynastie** (907–1123) und der **Kin-Dynastie** (1115–1234) den Norden Chinas beherrscht hatte.

Die *Pax mongolica* ermöglichte auch eine Verstärkung des kulturellen und wirtschaftlichen Austausches. Wir sind darüber durch die Berichte Marco Polos von seinen Ostasien-Reisen, die er (anfangs mit seinem Vater und Onkel) von Venedig aus zu Land und zu Wasser in das Reich Khubilai-Khans unternahm, detailreich informiert.

Auch erste Bemühungen einer **christlichen Mission** finden in dieser offenen Zeit statt, als der italienische Franziskaner Giovanni do Montecorvino 1294 nach Peking kommt. Doch er hatte aufs falsche Pferd gesetzt, und die Bemühungen der Franziskaner wurden 1368 rigoros beendet.

Einen Neubeginn der christlichen Mission gab es erst durch die Jesuiten im frühen 16. Jh. mit Erlaubnis der damaligen Regenten der **Ming-Dynastie** (1368–1644). Nach teilweise auch religiös motivierten Aufstandsbewegungen gegen die Mongolenherrschaft gelang die Befreiung und »eine beeindruckende national-chinesische Restauration«. (H. Küng)

Der Beginn der Ming-Dynastie war von einem bedeutenden wirtschaftlichen Aufschwung begleitet, von einer Reform der Verwaltung, in der die hierarchisch gegliederten *Mandarine* ein riesiges Beamtenheer dirigierten, das nach der »neokonfuzianischen Schule« ausgebildet war, aber selbst vom Militär kontrolliert wurde, welches die Mongolenherrschaft beendet hatte. Eine gründliche Reform des Strafrechts und ein deutlicher Aufschwung der Künste und Wissenschaften waren weitere Merkmale dieser Friedenszeit.

Als 1514 erstmals portugiesische Schiffe im Chinesischen Meer auftauchten und die Portugiesen in Kanton und anderen Hafenstädten Fuß fassten, kam es nicht nur zu einer direkten **Konfrontation mit der europäischen Moderne**, sondern auch mit dem europäischen Christentum. Den Portugiesen wurde erlaubt, sich auf der unbewohnten Insel **Macao** (vor Kanton) niederzulassen, und diese Handels-Niederlassung wurde zum Ausgangspunkt einer insgesamt freilich aus verschiedenen Gründen wenig erfolgreichen **christlichen Mission.**

Die zentrale Figur war **Matteo Ricci** (1552–1610), der die chinesische Sprache in Wort und Schrift beherrschte und als Philosoph und Wissenschafter (er war Mathematiker und Astronom) auftrat.

Seine wissenschaftlichen Instrumente (Fernrohre, Prismen, Uhren) und Bücher, vor allem eine genaue Weltkarte, wurden von den konfuzianisch gebildeten chinesischen Gelehrten sehr bewundert, und er wurde als einer der Ihren angesehen, von dem sie sogar noch etwas lernen konnten – obwohl sie Buchdruck, Schießpulver, Porzellan, Kompass, Kettenbrücke, Flugdrachen etc. längst vor den Europäern erfunden hatten und das Weltbild des Matteo Ricci noch »vorkopernikanisch und vorcartesianisch« (H. Küng) war.

Er kleidete sich wie sie, akzeptierte den chinesischen Namen, den sie ihm gaben (Li Madou), kannte ihre Philosophie und Tradition und respektierte ihre gesellschaftlich-religiöse Ordnung. Schon 1601 erlaubte ihm der Kaiser den Aufenthalt in Peking, und so hörten ihm bald die Leuchten der chinesischen Religion und Wissenschaft zu, wenn er ihnen sein doch sehr anderes Gottes-, Welt- und Menschenbild darlegte und mit ihnen diskutierte. Er war dagegen von der »undogmatischen Offenheit, der hohen Individual- und Sozialethik, der Hochschätzung der Eltern und Ahnen und von der Hochachtung vor einem höchsten Wesen ohne Götterfurcht und Götterfabeln« (H. Küng) fasziniert und gründete eine Privatakademie für die Pekinger Elite.

1605 erlaubte ihm der Kaiser den Bau einer Kapelle, an deren Stelle sein Nachfolger *Adam Schall von Bell* die erste Kirche baute, die – zweimal erneuert – heute noch existiert. Auch in der Liturgie ging Ricci neue Wege, knüpfte an die Riten der Reichsreligion an, bezog die Ahnen- und Konfuziusverehrung mit ein, verwendete die Ausdrücke *Herr in der Höhe* und *Himmel* für Gott und entwickelte eine chinesische Liturgie, die sich bodenständiger Elemente bediente, um die christlichen Mysterien zu feiern.

Diese Methode der **Assimilation** war in der christlichen Missiologie völlig neu und schien sehr erfolgversprechend zu sein – obwohl Ricci auf der Basis seiner scholastischen Philosophie viele Ansätze in der chinesischen Philosophie zu einer gegenseitigen Annäherung der Positionen nicht nützen konnte. Doch zum Widerstand, den Ricci und seine Nachfolger von buddhistischer und zum Teil auch von konfuzianistischer Seite erfuhr, gesellte sich der Widerstand der **konkurrierenden Missionsorden** (Franziskaner und Dominikaner), die schließlich erreichten, dass die römische Inquisition 1704 unter Androhung der Exkommunikation alle Abweichungen verbot: Wer Christ bleiben oder werden will, muss aufhören, ein Chinese zu sein!

Matteo Ricci (1552–1610) war die zentrale Figur der christlichen Mission. Sein Grab und die Erinnerung an den anerkannten Gelehrten werden in China auch heute noch in Ehren gehalten.

Dies geschah schon unter der nachfolgenden **Tsing-(Mandschu-)Dynastie** (1644–1912), die im wesentlichen den Prinzipien der Ming-Kaiser folgte. Doch die aus dem nordwestlichen Nachbarland stammenden tungusischen **Mandschu**-Kaiser betonten als fremdstämmige Herrscher den konzilianten Neo-Konfuzianismus und die Dominanz des Chinesischen als verbindende Klammer der verschiedenartigsten religiösen und kulturellen Elemente. So war ihnen das Umschwenken der christlichen Missionare nach der rigorosen Entscheidung Roms ein Dorn im Auge, und sie reagierten bereits 1717 mit der **Ausweisung der Missionare**, dem Verbot des Christentums, der Zerstörung der Kirchen und der Vorschrift, dass alle Chinesen ausdrücklich dem christlichen Glauben abschwören müssen.

Das änderte sich erst wieder, als in der ersten Hälfte des 19. Jh. – auf dem Höhepunkt des europäischen Nationalismus, Kolonialismus und Imperialismus – eine neue Missionierungswelle möglich wurde und im allmählich zerfallenden Mandschu-Reich katholische und protestantische Missionare aller Provenienz eine wahre Evangelisierungsoffensive starteten. Die chinesischen Widerstände dagegen wurden 1842 durch den Sieg der Briten im sogenannten *Opiumkrieg* (der ihnen die freie Einfuhr von Opium aus Indien nach China ermöglichte!) gebrochen, und das Christentum konnte wieder – allerdings unter den neuen Vorzeichen wenig erfolgreich – im Reich der Mitte Fuß fassen.

Sechs große **revolutionäre Bewegungen** beendeten schließlich das chinesisch Kaiserreich und läuteten eine neue Epoche sowohl in politischer wie in religiöser Hinsicht ein, deren Entwicklung noch völlig im Fluss und deren Zukunft noch nicht absehbar ist:

1. Die **Taiping-Bewegung:** Von den China-Missionaren geistig und finanziell unterstützt, gab es in den Jahren 1851–1864 einen Aufstand der Bauern in Süd- und Südostchina gegen die Ungerechtigkeiten des Mandschu-Staates und der fremden Kolonialherren mit dem Ziel, ein himmlisches Reich des höchsten Friedens zu schaffen. Die Volkserhebung wurde schließlich von Truppen aus acht (christlichen) Staaten niedergeschlagen und kostete 20 Millionen Menschen das Leben.
2. Der **Boxeraufstand:** Im Jahre 1900 wurde das Pekinger Gesandtschaftsviertel von radikalen Gruppierungen belagert, welche ein Zeichen gegen die westlichen Fremdmächte und die von ihnen gestützten christlichen Missionare und damit auch gegen die Mandschu-Fremdherrschaft setzen wollten, die sich mit ihnen verbündet hatte. Mehrere Diplomaten, 250 Missionare und etwa 30.000 chinesische Christen fanden dabei

den Tod. Wiederum schlug ein Expeditionskorps – diesmal aus Deutschland, Frankreich, England, Japan und den USA – den Aufstand nieder, und Peking musste hohe Sühnezahlungen leisten.

3. Die **Nationale Revolution der Jungchinesen:** Im Jahre 1911 gab es eine Volkserhebung für Demokratie, Nationalismus und Agrarreform unter dem Arzt Dr. Sun Yarsein, die den unmündigen Mandschu-Kaiser *Puyi* am 12.2.1912 zur Abdankung zwang, die Monarchie für beendet erklärte und eine chinesische Republik errichtete. Die *Vierte-Mai-Bewegung* 1919 wurde von Pekinger Studenten getragen und wendete sich gegen den Konfuzianismus und sein Wertesystem. 1925 übernahm General **Tschiang Kai-schek** die Leitung der Revolutionspartei **Kuo-min-tang,** wandte sich gegen die verbündeten Kommunisten und zögerte die Landreform hinaus.

4. Der **Aufstieg der Chinesischen Kommunistischen Partei:** Zwischen 1924 und 1948 übernahmen die Kommunisten schrittweise immer mehr die Führung der chinesischen Revolution, vertrieben die Anhänger der Kuo-min-tang, zwangen sie schließlich zum Rückzug auf die Insel Formosa (wo Tschiang-Kai-Schek die Nationalchinesische Republik ausrief) und errichteten unter der Führung von **Mao-Tse-tung** am 1. Oktober 1948 die **Volksrepublik China.** Eine der ersten Maßnahmen war die Ausweisung aller Missionare, das Verbot aller Sekten und der religiösen Presse, die Konfiszierung aller vom Ausland getragenen Einrichtungen und die Forcierung der »Drei-Selbst-Bewegung« (Selbsterhaltung, Selbstverbreitung, Selbstverwaltung).

5. Die **Große Proletarische Kulturrevolution**: 1966–1975 verbündeten sich Maos Frau, die »Viererbande« und die »Roten Garden« gegen die »Vier Alten«: alte Bräuche, alte Sitten, alte Ideen, alte Kultur. Damit geriet auch alles Religiöse – das inländische und ausländische – unter Beschuss und zahllose Menschen wurden verfolgt, ermordet, vertrieben, umerzogen – und ihre Einrichtungen wurden beschädigt, zerstört oder enteignet. Das schien auch das endgültige Ende der Reichsreligion zu sein, die formell mit der Absetzung des Kaisers zu bestehen aufgehört hatte. Doch nach Maos Tod (1977) erfolgte eine gewisse Wende, durch die auch die Einstellung zu den Religionen toleranter wurde. Es kam zur

Neuerrichtung der verschiedenen Religionsgesellschaften, zur Refundierung von eingezogenen Werten, zur Restaurierung zahlreicher Gebäude, und es zeigte sich, dass viele in kleinen Gemeinschaften überlebt hatten.

6. Die **Demokratiebewegung von 1989:** Wohl auch unter dem Eindruck der großen Wende, die sich zur selben Zeit in den kommunistischen Staaten Europas vollzog, demonstrierten Hunderttausende im ganzen Land für Freiheit und demokratische Rechte, bis in der Nacht vom 3. auf den 4. Juni 1989 die Panzer des Regimes den Platz des himmlischen Friedens in Peking, auf dem sich Zehntausende Studenten und andere Demonstranten befanden, räumten und viele Wortführer gefangen setzten. Es war eine Demonstration der militärischen Macht, aber nicht der geistigen Überlegenheit der kommunistischen Ideologie. Und es mehren sich die Anzeichen, dass seither von den Machthabern ein liberalerer Kurs gesteuert wird, der sich in vielfältiger Zusammenarbeit mit demokratischen Staaten – vor allem in wirtschaftlicher, aber auch in kultureller Kooperation – äußert und nicht zuletzt auch den Religionen größere Freiheiten als vor 1989 einräumt.

Auch die Religionen haben gelernt – wie man z. B. an der Taktik der dem Buddhismus nahe stehenden **Falun Gong-Bewegung** sehen kann, die im April 1999 mehr als zehntausend ihrer insgesamt auf mehr als 70 Millionen (!) geschätzten Mitglieder zu einem schweigenden Sitzprotest vor dem Pekinger Partei- und Regierungszentrum motivieren konnte, der friedlich verlief. Offensichtlich gibt es im 1,3-Milliardenvolk Chinas ein starkes religiöses Potenzial, das aus dem vieltausendjährigen Wissen um die harmonische Einheit von Himmel, Erde und den Menschen entspringt und stark genug wäre, um eine neue Friedensordnung zu begründen, die vielleicht sogar eine wichtige Vorbildwirkung im Widerstand gegen die alle Religionen und geistigen Konzepte gefährdende weltweite Säkularisierungs- und Sinnentleerungs-Bewegung bedeuten könnte. Der chinesische Staats- und Partei-Chef Jiang Zemin ist offensichtlich anderer Meinung: Er sieht darin »die dunkelste aller Befürchtungen der chinesischen Regierung bestätigt, nicht mehr die allein bestimmende Kraft des Staates zu sein, die Einfluss auf das gesellschaftliche und politische

Leben nehmen darf« (Christian Solidarity International Österreich) und gründete im Juni 1999 das berüchtigte »Büro 610« zur systematischen Verfolgung der Falun Gong-Bewegung, die für den Tod von mehr als 400 inhaftierten Mitgliedern verantwortlich gemacht wird.

In der 2.300 km langen, wahrhaft kolossalen **Großen Mauer** – einst ein verzweifelter und weitgehend wirkungsloser Versuch, das Reich der Mitte gegen die Mongolenstürme zu schützen – könnten alle Menschen ein deutliches Zeichen dafür sehen, wozu gemeinsame Arbeit an positiven Zielen imstande ist.

DER GLAUBE DER JAPANER

Vorgeschichte

Während der Eiszeit waren die japanischen Inseln durch Landbrücken mit dem Festland (Korea, Mandschurei) verbunden. Im **Mesolithikum** dürfte von Sibirien aus die Volksgruppe der *Ainu* eingewandert sein, deren späte, relativ unvermischte Nachkommen (15.000 Personen) noch auf der nördlichsten Hauptinsel Hokkaido leben. Andere Einwanderer kamen aus der Mongolei (über Korea) und aus dem malayischen Bereich (über das Meer). Von einem mehr oder minder einheitlichen japanischen Volk kann man jedenfalls erst um die Zeitenwende sprechen. Es zeigen sich darin die folgenden ethnischen Elemente integriert: Negritos, Ainu, Tungusen, Indonesier, Indochinesen, Proto-Chinesen, Malayen und Mongolen.

Ab 3500 v. Chr. ist als älteste Kultur die **Yomon**-Kultur nachzuweisen, also bereits in nacheiszeitlicher, neolithischer Zeit, als durch das Abschmelzen des Eises das Wasser stieg und die Landbrücken überschwemmte. Es handelte sich um eine ursprüngliche Jäger-Sammler-Fischer-Kultur, die sich nur allmählich (da ohne Austausch mit der Umwelt) in eine Ackerbau-Viehzucht-Kultur wandelte. Genannt ist diese Kultur nach einer charakteristischen Schnurband-Keramik, die offensichtlich auf einer beachtlichen Höhe stand. Im Laufe der Zeit löste die Urnenbestattung das ursprüngliche Erdbegräbnis (Hockergrab) ab. Idolfiguren lassen auf den typisch neolithischen Fruchtbarkeitsglauben auch in Japan schließen.

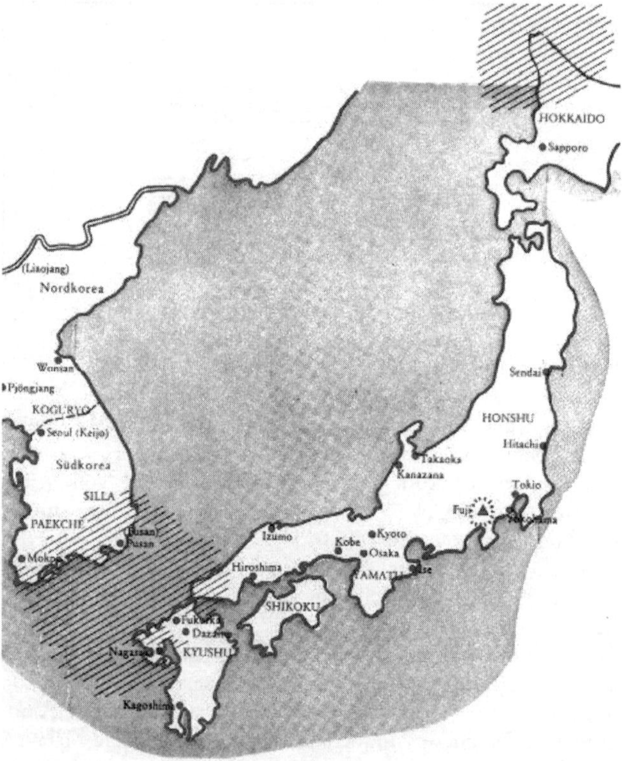

Vorzeitliche Landbrücken

Im 4.–3. Jh. v. Chr. verdrängte die sogenannte **Yayoi**-Kultur, die über Korea aus China (*Yüeh*) stammen dürfte, die Yomon-Kultur bzw. drängte sie nach Norden ab. Die Einwanderer beherrschten den Nassfeldreisanbau, brachten Rinder und Pferde mit, kannten die Töpferscheibe und beherrschten den Bronze- und Eisenguss. Bronze wurde freilich offenbar nur zu kultischen Zwecken verwendet (Glocken und Zeremonialwaffen) – so dass in Japan keine eigentliche Bronzezeit existierte.

Um die Zeitenwende wurden nachweislich enge Kontakte mit **Lo-lang** (chinesisch dominierte Provinz in **Korea**) gepflegt. Im 1. Jh. n. Chr. gab es nach der chinesischen Chronik *Han-shu* über hundert Kleinstaaten in Japan, ehe sich im 4. Jh. das Reich von **Yamamoto** auf der Hauptinsel **Honschu** durchsetzte und die Basis für die eigenständige politische und religiöse Kultur Japans bildete.

Dem Reichsgründungsmythos zufolge wurde dieses Reich bereits 660 v. Chr. von **Omikami,** dem Urenkel der Sonnengöttin **Amaterasu,** begründet, tatsächlich aber wohl erst gegen Ende des 2. Jh. v. Chr. von einem Herrscher, der später **Jimmu** (= göttlicher Krieger) genannt wurde. Es handelte sich um ein sakrales, erbliches Kaisertum, dem es durch eine kluge Bündnis- und Heiratspolitik gelang, die Dominanz in einem ursprünglich nur losen Verband einzelner Großfamilien *(uji)* zu erringen. Diese Sippenverbände führten ihren Ursprung jeweils entweder auf einen tatsächlichen oder einen totemistischen Familienahnen *(uji-yami)* zurück, der als Gottheit *(kami)* verehrt wurde. An der Spitze der einzelnen Familien stand ein Sippenältester, der auch die Funktion eines Oberpriesters erfüllte. Die adelige Oberschicht besaß meist große Ländereien und hatte die Gewalt über viele unfreie Bauern und Handwerker sowie Sklaven. Je nach ihrer verwandtschaftlichen Nähe zum Herrscherhaus übten sie im Yamato-Reich erbliche Ämter inne, hatten aber zum Teil auch religiös-politisch-wirtschaftlichen Einfluss aus, der über ihre eigenen Ländereien hinausging. Grabhügel dieser Ältesten und der ersten Kaiser aus der Zeit zwischen 200 und 530 n. Chr. boten die Möglichkeit, Details dieser frühen Zivilisation zu erforschen.

Eine Shintô-Prozession zieht viele Menschen an.

Der Shintoismus

Die eingangs geschilderte rassische Vielfalt des japanischen Volkes äußerte sich in einer einigermaßen komplexen Religiosität. Ihren Namen **Shintô** (= Weg der Götter) erhielt sie wohl erst, nachdem im 6. Jh. n. Chr. der Buddhismus und vorher schon der Konfuzianismus von Korea bzw. China her sich in Japan verbreitete. In dieser Zeit unterschied man die fremden Religionen von der angestammten, eigenständig im Land gewachsenen, in die Urzeit zurückreichenden Religion. Mit dem Begriff **Shintoismus** bezeichnete man – aber erst sehr viel später – die amalgamierte japanische Nationalreligion, die aus einer Vielzahl religiöser Stränge und Praktiken besteht, die ihre Wurzeln im prähistorischen Japan haben. Wir wissen sehr wenig über diese Frühzeit der japanischen Religion *vor* der Yamamoto-Periode, doch kann man sie wohl am ehesten als **animistische Religion** bezeichnen, d. h. man glaubte an eine übernatürliche Lebenskraft, die in Bergen, Bäumen und Tieren vorhanden ist (»wohnt«) und auf die man mit Natur- und Seelenkulten sowie mit Ahnenverehrung reagiert.

Die in Freiburg/Br. lehrende Völkerkundlerin Nelly Naumann analysierte den Begriff *Shintô* und stellte fest, dass er »im heutigen japanischen Sprachgebrauch mehrdeutig verwendet wird. Den einen gilt er als Sammelbegriff für alle einheimischen religiösen Vorstellungen, der andere versteht darunter speziell Kulthandlungen, die mit Götterschreinen verknüpft sind, und Glaubensinhalte, die von der Priesterschaft dieser Schreine formuliert und vertreten werden. Shintoistische Theologen wiederum teilen ihren Shintô gleich in vier verschiedene Shintôs auf: einen Shintô des Kaiserhauses, einen Schrein-Shintô, den Sekten-Shintô und einen Volksshintô.«

Den Mittelpunkt des bis ins 8. Jh. n. Chr. zurückgehenden, aber erst ausdrücklich 1869 konstituierten und auf Befehl der Amerikaner im Jahre 1945 abgeschafften *Staatsshintô* bildete der **Shintô des Kaiserhauses**, der in Form von *Riten des Kaiserhauses* auch nach der Abschaffung bis heute vollzogen wird. Diese alten Zeremonien sind geheim überliefert und daher Außenstehenden bis heute unbekannt geblieben.

Der **Schrein-Shintô** bestand zum Teil ebenfalls aus Staatsriten, die nach 1945 nicht mehr ausgeführt wurden. In den

Schreinen fanden aber immer auch volkstümliche, private Zeremonien statt, so dass diese alte japanische Religionsform den Wandel überlebt hat.

Der **Sekten-Shintô** ist eine relativ junge japanische Religionsform, auf die noch ausführlich eingegangen wird, die aber von der Abschaffung des nationalistischen Staatsshintô nicht berührt wurde.

Dasselbe gilt für den **Volks-Shintô**, in dem sich die ältesten Elemente des japanischen Volksglaubens finden, der sich in Form mythologischer Erzählungen, als Magie, in der Gestalt zeremonieller Praktiken anlässlich der Lebenswenden, der Jahreszeitenfolge usw., aber auch als deutlicher Aberglaube äußert. Dieser Volks-Shintô ist außerdem – stärker noch als der Sekten-Shintô – mit einem bunten Gewirr buddhistischer, konfuzianischer und taoistischer Elemente durchsetzt, die oft gar nicht genau unterschieden werden können.

Aus dieser Analyse ergibt sich zunächst einmal, dass Shintô nicht einfach mit einheimischer Religion gleichgesetzt werden kann. Dies ist auch deshalb kaum möglich, weil erst unmittelbar vor der Konstituierung des Staatsshintô durch die **Meiji-Dynastie (1868–1912)** die Trennung von Buddhismus und Shintô verfügt wurde und damit ein mehr als tausendjähriges inniges religiöses Miteinander offiziell beendet wurde. Hans Küng weist darauf hin, dass sich der Buddhismus, der bereits 594 zur Staatsreligion erklärt worden war, in Japan mehr als in jedem anderen Land außerhalb von Indien mit der einheimischen Religion verbunden hat: Es »findet eine erstaunliche Osmose statt, je mehr sich der Buddhismus in Japan ausbreitet: Der Buddhismus wird ›japanisiert‹, und zugleich wird die einheimische Shinto-Religion ›buddhifiziert‹«.

Diese Beeinflussung ging weit über der Bereich der Religion hinaus. Bevor der Buddhismus nach Japan kam, »gab es in Japan kaum eine allgemein verbreitete Schriftsprache. Vorher gab es keine ausgefeilten Techniken der Malerei, der Bildhauerei, der Architektur und des Städtebaus, gab es keine Kalender, keine Philosophie und keine Hochreligion. Ja vorher gab es auch keine einheitliche Regierung, keine staatliche Verwaltung und keine Hauptstadt. Wie Griechenland und Rom die Grundlagen für den kulturellen Aufstieg Europas lieferten, so schufen unbestreitbar das damals weithin **buddhisti-**

sche China und Korea die Voraussetzungen für den kulturellen Aufstieg Japans. Und wie sich das Erbe Griechenlands und Roms in der Frankenzeit mit der Kultur der germanischen Barbaren zu etwas Neuem vermischte, so in der Narazeit das Erbe Chinas mit der noch wenig entwickelten Kultur der Japaner«. (H. Küng)

Bei einer Begriffsbestimmung des Shintô muss man daher unbedingt den Zeitfaktor »vor oder nach 1869« berücksichtigen, da der »Shintô vor« bedeutende buddhistische Elemente enthielt, die im »Shintô nach« großteils ausgeschieden und durch nationalistisch-ideologische ersetzt wurden.

Bei der »Reinigung« hielt man sich hauptsächlich an zwei Bücher, die zwar keineswegs »Offenbarungsschriften« darstellen, aber doch einigermaßen den »Geist des Shintô« beschreiben: das **Kojiki** (= Geschichte der Begebenheiten im Altertum) und das **Nihongi** (= Japanische Annalen). Beide wurden zu Beginn des 8. Jh. n. Chr. (712 bzw. 720) abgefasst, als die japanische Literatur schon stark von den chinesischen Traditionen geprägt war. Es ist deshalb auch hier schwierig, die rein einheimischen Überlieferungen herauszuschälen. Deutlich merkt man, dass die Bücher im Dienste der regierenden Dynastie standen, die ihre politischen Ansprüche durch den Rückgriff auf die Wurzeln legitimieren wollte. Trotzdem lassen sich – durch Vergleiche mit anderen frühen Traditionen – gewisse Elemente der Glaubensvorstellungen und der Gottesdienstformen als vor-buddhistisch verifizieren.

Das Welt- und Gottesbild des Shintô

Am Anfang war das Chaos, aus dem sich allmählich das Weltall (Himmel und Erde) herausgebildet hat, eher als Trennung von Himmel und Erde, denn als Schöpfung gedacht: Der Himmel-Vater und die Erden-Mutter sind das Welelternpaar, das alle Naturdinge und Naturerscheinungen zeugte: Länder, Inseln, Meere, Berge, Flüsse, Bäume, Kräuter, Tiere, Steine, Feuer, Sonne, Mond, Sterne, Sturmwind usw. Nachdem sie alles hervorgebracht hatten, trennten sie sich. Der Weltanfang bedeutete also die Trennung der Einheit von Himmel und Erde. Der »Himmel-Vater« begab sich in den für die Menschen unerreichbaren Himmel und die Erden-Mutter in die Unterwelt, wo sie über das Totenreich *(yomi) gebot.*

Die japanischen Inseln wurden vom Götterpaar **Izanagi** (= einladendes männliches Wesen) und **Izanami** (= einladendes weibliches Wesen) im Inselmeer gebildet. Die sieben Himmelsgötter, die an der Spitze des japanischen Pantheons standen, beauftragten sie damit:

Sie gaben ihnen einen himmlischen Juwelen-Speer und beauftragten sie gnädiglich also. Demgemäß standen die beiden Gottheiten auf der schwebenden Brücke des Himmels, stießen den Juwelen-Speer nach unten und rührten damit herum; und als sie die Salzflut gerührt hatten, bis sie sich zäh verdickte, und den Speer dann hinaufzogen, häufte sich die von der Speerspitze herabträufelnde Salzflut an und wurde eine Insel. Auf diese stiegen Izanagi und Izanami hinab und vermählten sich auf ihr. Sie erzeugten eine Anzahl von Gottheiten sowie die übrigen japanischen Inseln. Bei der Geburt ihres jüngsten Sohnes, des Feuergottes ***Kagutsuchi****, wird Izanami so stark verbrannt, dass sie stirbt und in die Unterwelt gelangt. Izanagi gelingt es fast, sie zu befreien. Aber er sieht sich nach ihr um und verletzt dabei ein Tabu. Von den Unterweltsbewohnern und auch von Izanami selbst verfolgt, versperrt er den Ausgang der Unterwelt mit einem Felsbrocken und spricht die Scheidung von Izanami aus, die damit in der Unterwelt als Herrin verbleibt.*

Nach seiner Rückkehr aus der Unterwelt muss sich Izanagi reinigen und erzeugt dabei weitere Götter. Bei der Reinigung seines linken Auges entsteht die Sonnengöttin **Amaterasu,** bei der Reinigung des rechten Auges der Mondgott, bei der weiteren Reinigung der Sturmgott **Susa-no-o**. Sie haben in der Shintö-Mythologie große Bedeutung:

Danach wurde Susa-no-o Mikotos Verhalten außerordentlich grob. Als Amaterasu die Saat auf ihre himmlisch schmalen und himmlisch langen Reisfelder gesät hatte, riss er die Abtrennungen zwischen den Reisparzellen nieder, und im Herbst ließ er die himmlischen scheckigen Fohlen frei und ließ sie in der Mitte der Reisfelder lagern … Als er sah, dass Amaterasu in ihrer heiligen Webstube war, damit beschäftigt, Gewänder für die Götter zu weben, zog er einem himmlischen Fohlen die Haut ab, brach ein Loch in die Dachziegel der Webstube und warf sie hinein. Da fuhr Amaterasu auf und verletzte sich dabei am Weberschiffchen. Darüber empört, ging sie geradewegs in ihre himmlische Felsenhöhle und lebte dort, nachdem sie die Felsentüre fest verschlossen hatte, völlig zurückgezogen. Deshalb herrschte überall dauernde Finsternis, und es gab keinen Wechsel von Tag und Nacht mehr.

Dann traf sich eine Vielzahl von Gottheiten im trockenen Bett des Himmelsflusses (= Milchstraße), *und sie überlegten, auf welche Weise sie sie bitten sollten … Dann nahm Ame-no-Uzume-no Mikoto* (= Himmelstänzerin) *einen mit Eulalia-Gras umwundenen Speer und führte vor der Tür der himmlischen Felsenhöhle einen mimischen Tanz auf.*

Dies hörte Amaterasu, und sie sagte:«Seit ich mich in der Felsenhöhle eingeschlossen habe, muss sicherlich dauernde Finsternis im Land der fruchtbaren Reisfelder sein. Wie kann dann Ame-no-Uzume-no-Mikoto so vergnügt sein?« Dann öffnete sie mit ihrer erlauchten Hand einen schmalen Spalt der Felsentüre und blickte verstohlen hinaus. Da nahm Tajikarao-no-Mikoto Amaterasu unverzüglich bei der Hand und führte sie hinaus …

Danach sprachen die Götter Susa-no-o schuldig und auferlegten ihm eine Buße von tausend Tischen mit Opfergaben, und so bestraften sie ihn gründlich. Sie hatten ihm auch das Haar ausgerissen und ließen ihn damit seine Schuld büßen.

Nach langen Berichten über weitere Gottheiten, deren Verbindungen und Funktionen sowie deren Nachkommen folgt ein Bericht über die Geburt des **Jimmu Tenno,** eines Nachkommen der Sonnengöttin **Amaterasu** und des Himmelgottes **Takamimusubi** (= Hoher hehrer Erzeuger) in der fünften Generation. Die Sonnengöttin ist an sich eine Naturgottheit (die vergöttlichte Sonne), tritt aber zugleich als anthropomorphe, persönliche Gottheit in Erscheinung. Auf dem heiligen Berg Fuji wird Amaterasu von den Pilgern als Sonnengestirn verehrt und im Heiligtum von **Ise** als Ahnfrau der kaiserlichen Familie.

Amaterasu taucht aus ihrem Grab auf – der Frühling kehrt zurück. Wandgemälde aus dem 19. Jh., das den japanischen Mythos lebendig hält.

Im Alter von 45 Jahren bestieg dann den alten Überlieferungen zufolge Jimmu am 11. Februar 667 v. Chr. den Thron, nahm den Titel *Tenno* (= Kaiser) an und begründete die japanische Dynastie.

Der generelle Gottesbegriff des Shintô (für die Naturgottheiten und auch wenn von den Funktionen persönlicher Götter gesprochen wird oder von übernatürlicher Kraft die Rede ist) wird durch den Begriff **kami** ausgedrückt. Dieses Wort bedeutet ursprünglich »über« im Sinne von »erhaben über etwas« und wurde auf alle Gottheiten des Himmels und der Erde angewendet, die in den alten Berichten mit Namen genannt werden und über deren Wirken berichtet wird. Doch nicht nur die Götter, sondern auch ihre »Geister«, die in den Heiligtümern wohnen, in denen die Gottheiten herbeigerufen und verehrt wurden, sind Kami. Solcherart werden aber auch Tiere, Pflanzen, Bäume, Meere, Berge und alle anderen Dinge genannt – auch menschliche Personen –, die wegen ihrer außergewöhnlicher Kräfte gefürchtet und daher verehrt zu werden verdienen. Der Kaiser wurde z. B. in späteren Zeiten auch *Arami-kami* (= sichtbarer Gott) genannt und selbst Priester wurden in alten Urkunden als menschliche Erscheinungen der jeweiligen Gottheiten angesehen und benannt, und auch so behandelt, d. h. er ist nicht nur Kultführer, sondern auch Objekt des Kultes, ihm werden Opfergaben dargebracht, er isst und trinkt sie, nimmt Gebete entgegen und schaut sich Tanzvorführungen an.

Da alle Familien-Götter mit der Sonnengöttin in einem geschwisterlichen Verhältnis stehen, gelten auch die japanischen Sippen als untereinander und mit der kaiserlichen Familie verwandt. So wird die Ansicht verständlich, dass Japan trotz mehrmaligen Wechsels der Sippen, die den Kaiser stellen, etwa im Vergleich mit China auf eine einzige, göttliche Dynastie gegenüber 22 der chinesischen Kaiser verweisen kann.

Die Verwendung ein und desselben Wortes für so divergierende Wesenheiten, Personen und Dinge ist nur möglich, weil *kami* – wie alle japanischen Begriffe – weder Geschlecht noch Anzahl anzeigt. Erst im Zusammenhang einer konkreten Aussage oder Handlung wird klar, wer oder was mit kami bezeichnet wird. Trotzdem werden Definitionen versucht. Die schon zitierte Völkerkundlerin Nelly Neumann versteht z. B. unter *kami* »Geistwesen im Besitz von besonderen Kräften, die sie dem Menschen überlegen machen und die sie befähigen, ihm in verschiedenen Nöten zu helfen«. Sie schlägt eine sinnvolle Unterscheidung vor:

Kami als *Gottheiten mit einem individuellen Eigennamen*. Das sind dann die mythologischen Gottheiten, aber auch die Ahnengötter der Sippen und die konkreten Familienahnen, die in den Shintô-**Schreinen** verehrt werden. Dazu kommen jene, die sich durch Orakel oder über Medien kundgetan haben und weiterhin kundtun (in vielen Sekten nach 1945); und das sind oft »eifernde und rachegierige Gottheiten, die Böses schicken und die man nur versöhnen kann, wenn man ihren Anweisungen folgt«

Kami als kollektive ***Gottheiten oder Geister mit typischer Funktion.*** Zu den Kollektiv-Kamis gehören vor allem die Naturgottheiten, wenn man ein Tier tötet, Früchte erntet usw.

Die Japaner sind wahrscheinlich das Volk mit den meisten Gottheiten überhaupt. Diese werden von Shinto-Theologen auf 800 Myriaden geschätzt(!), was nicht so unsinnig ist, wie es klingt, wenn man bedenkt, dass sie als Kami (= höhere Wesen mit übermenschlicher Kraft, eigenem Wissen und Wollen) ja auch alle Naturkräfte und kosmischen Kräfte verehrten: Alles Großartige und Erhebende, alles Bedrohliche und Lebensnotwendige wurde als Kami verehrt und behandelt: Tiere und Wetter, Berge und Wasser, Steine und Pflanzen, Sterne und Elemente.

Der Fuji, der heiligste Berg Japans.

In vielen Gedichten wie dem unten zitierten kommt diese Kami-Verehrung zum Ausdruck:

Seit Himmel und Erde sich voneinander schieden, steht ein Gottesmal in erhabener Größe über Suruga,
hoch der Gipfel des Fuji.
Zu Himmelsfluren den Blick erhoben, siehst du der wandernden Sonne Licht sich hinter ihm bergen,
des hellen Mondes Schein hinter ihm verschwinden.
Die weißen Wolken scheuen sich, ihm zu nahen,
und unversehens senkt sich die Wolke nieder.
Weiter erzählen, weiter rühmen will ich Fuji,
den hohen Gipfel.
Zur Bucht von Tago ging ich hinaus, und siehe,
weiß, ganz weiß bedeckt hoch den Gipfel des Fuji der frisch gefallene Schnee.
(Yamabe Akahito, 8. Jh. n. Ch.)

Shintô-Kult und Kultstätten

Kami-Gottheiten sind weder allwissend noch allmächtig, weder grundlegend gut noch grundlegend böse, nicht einmal allgegenwärtig. Letzteres erkennt man, wenn man einer Shintô-Kulthandlung beiwohnt, die gewöhnlich damit beginnt, dass die Gottheit **herbeigerufen** wird. Im betreffenden **Schrein** *(jinja)* wird nur der *shintai* (= Gott-Körper) aufbewahrt. Das kann ein Kamm sein, ein Spiegel, ein Schwert – es ist ein Symbol der Gottheit und ihr »Sitz«, wenn sie zur Kulthandlung kommt. Manchmal stellt man auch Opferstäbe und dgl. Gegenstände zu diesem Zwecke auf. Die fromme Kulthandlung wird gewöhnlich beendet, indem die Gottheit **weggesandt** wird.

Ein Besucher im Götterschrein außerhalb einer Kulthandlung klatscht gewöhnlich in die Hände, um die Gottheit auf sich aufmerksam zu machen, dann verneigt er sich vor dem *shintai* und betet still. Darin muss man bereits buddhistische Einflüsse sehen, denn buddhistische »Nothelfer« sind immer da und haben stets ein offenes Ohr für die Anliegen der Menschen. Dies ist daher ein typisches Beispiel für die vorhin besprochene tausendjährige Buddhisierung des Shintô bzw. die Shintoisierung des Buddhismus in Japan.

Eine Religion ohne verbindliche Lehre und Glaubensreflexionen kann am besten im kultischen Vollzug kennen gelernt und verstanden werden. Deshalb die folgende Beschreibung eines typischen **Schreins:**

Dieses Wort bezeichnet eigentlich das innerste Heiligtum, in dem sich der schon genannte Gott-Körper *(shintai)* befindet – als Zeichen dafür, dass hier die Gottheit wohnt. Davor liegt die Opfer- und Anbetungshalle, wo die Gläubigen die Möglichkeiten haben, die Gottheit individuell zu verehren. Oft gibt es noch Nebengebäude mit Schreinchen für Nebengottheiten, einer Tanzbühne für bestimmte Kulte, Speicher und eine Küche zur Bereitung von Opferspeisen, ein Brauhaus für die Bereitung des Opferweins, ein Schatzhaus und ein Schreinbüro, das immer wichtiger wird, weil zunehmend viele Buddhisten eine Shintô-Trauung wünschen, die neueren Datums ist und sich eng an die römisch-katholische Trauungszeremonie anschließt. Ein Zaun umschließt die Anlage, die durch ein Tor betreten wird. Charakteristische Wegweiser *(torii)* kündigen außerhalb des Zauns an, dass man sich einem Heiligtum nähert. Wenn man das Tor durchschritten hat, gibt es einen fließenden Brunnen und eine hölzerne Schöpfkelle. – Ein Hinweis, dass sich jeder Besucher den Mund spülen und die Hände waschen soll, um gereinigt ***(misogi)*** das Heiligtum zu betreten.

Die Reinheitsvorschriften für die Priester und bei feierlichen Kulthandlungen sind sehr streng – nicht aber beim privaten Besuch. Da wird Nachlässigkeit toleriert und durch die Pflichttreue der Priester suppliert oder kompensiert. Neben der symbolischen Wasserreinigung (es gibt aber auch Vorschriften für ein Ganzkörperbad für Kultpriester) gibt es noch eine zweite Form der Reinigung: ***harai*** (= wegfegen). Jede religiöse Zeremonie beginnt mit einem solchen Wegfegen: Der Priester spricht ein Gebet und schwenkt einen Stock, der mit Papier- oder Stoffstreifen versehen ist. Damit ist jede Befleckung der Teilnehmer bereinigt. Daneben gibt es noch weitere Vorschriften, die ebenfalls Reinigung zum Ziel haben: Enthaltung von Fleisch, Alkohol und Geschlechtsverkehr; Isolation; Gebete, Meditation; Genuss nur solcher Speisen, die auf einem eigenen Opfer-Herd zubereitet wurden. All dies ist für einen unterschiedlich langen Zeitraum vorgeschrieben. Es geht bei all dem aber weniger um eine moralische Reinigung, also um Reinigung von persönlicher Schuld und Sünde, sondern um das Einhalten bestimmter Vorschriften bzw. das Einhalten von Tabus bzw. das Wiedergutmachen von Tabu-Verletzungen.

In der ursprünglichen Shintô-Religion gab es keine Gotteshäuser. Die Verehrung der betreffenden Kami geschah jeweils an dem Ort und zu dem Zeitpunkt, wo und wann man ihnen begegnete.

Später galt dann der Shintai (= Gott-Körper), also das Symbol, unter dem die Gottheit verehrt wurde (Amaterasu z. B. durch einen Bronzespiegel), als das Allerheiligste, das in einem kostbaren Beutel und dieser in einem reich verzierten Holzkasten aufbewahrt wurde, um den herum man einen Jinja (= Schrein) errichtete sowie verschiedene Nebengebäude und ganze Anlagen, in denen zuerst die Sippenobersten *(uijigami)* die Begegnung kultisch vollzogen. Sie wurden von weiblichen Kultpersonen unterstützt, Mädchen in prämenstruellem Alter, die Miko (= Gotteskind) genannt wurden und oft als Sprechmedien dienten, durch die die Gottheit sich äußerte. Eine besondere Funktion in Ise hatte die vom Kaiser persönlich ernannte »kaiserliche Prinzessin«, in deren spezieller Obhut bis in das 13. Jh. der *shintai* der Sonnengöttin stand.

Ein hochrangiger Shintô-Priester bei einer Zeremonie vor dem Schrein, den er verwaltet.

Erst allmählich entwickelte sich ein eigener **Priesterstand**, der die Schreine betreute und dann auch die priesterliche Funktion des Stammesältesten übernahm, der sie vorher wahrgenommen hatte. Die Priester gehören heute praktisch alle einer der verschiedenen Sekten an und werden von diesen erhalten – bzw. leben von den Opfergaben der Gläubigen. Ihre Hauptaufgabe besteht in der Feier der etwa 50 größeren religiösen Feste. »Ihre Zahl und Vielfalt bietet einen guten Querschnitt durch das buntscheckige Wesen der japanischen Religion, die *shintoistisch* ist in ihrer völkischen Tradition und der Verehrung der Nationalgötter, *buddhistisch* im metaphysischen Grundbau und *konfuzianisch* in der Anwendung religiöser Werte auf die private und gesellschaftliche Sittlichkeit«. (John A. Hardon)

Die **Shintô-Tempel** werden in einer hierarchischen Ordnung klassifiziert: An der Spitze stehen die **Jingu**, die mit einer besonderen Stufe der Heiligkeit verbunden sind, das sind **Ise** (der im 4. Jh. entstandene Doppeltempel am Uji-Yamada in Honschu, südöstlich von Kyoto, der eine ist der Amaterasu geweiht, der andere der Göttin der Nahrung) und **Atsuta**. Alle anderen werden **Jinja** genannt und in Staats-, Provinz-, Stadt- und Dorf-Schreine eingeteilt. Sie befinden sich überall über Japan verteilt. Man schätzt sie auf mehr als 90.000. Sie werden immer wieder erneuert, wobei Teile des alten Gebäudes als »Amulett« in das neue eingefügt werden.

Einige markante Shinto-Feste

Anfang Jänner	**Gimpel-Tausch-Fest** des Dazaifu-Schreins: Wer eine der zwölf vergoldeten Gimpel-Figuren bekommt, ist gesegnet.	Nördlich von Nagasaki auf der Insel Kyushu
12. März	**Beschwörungsfest des Todaiji-Tempels:** Feuertanz mit Fackeln. 2 Uhr morgens: Wasserzieh-Zeremonie und Muschelhörnerblasen (Segen)	Mitteljapan
Frühlings- und Herbstanfang	**Higan-Fest:** Die Bauern rufen die Götter an (Frühling) bzw. danken für gute Ernte.	In allen Schreinen
Sommermitte	**Gion-Religionsfest:** Große Prozession der Yama-Wagen (mytholog. Figuren) und Hoko-Wagen (mit Laternen behangen).	Kyoto

Reiner (moderner) Shintoismus

Wie bereits erwähnt wurde und im Zusammenhang mit dem Japanischen Buddhismus (s. unten) noch ausführlicher behandelt wird, kam es in der frühen Geschichte Japans zu starken religiösen und kulturellen Beeinflussungen durch China und Indien, wobei Korea eine Mittlerrolle inne hatte.

Zur Zeit der Abfassung der beiden wichtigen Quellenwerke *Kojiki* und *Nihongi* unter Kaiser **Temmu** (673–686), der damit die Reihe der kaiserlichen Ahnen bis zu ihrem göttlichen Ursprung als Nachfahren der Sonnenkönigin zurückführte und den Herrschaftsanspruch der Familie als Auftrag der Sonnenkönigin legitimierte, dass diese ihre Nachkommen das Land Japan für alle Zeiten regieren sollten, war die Abhängigkeit von China weitgehend überwunden und die Entwicklung in Richtung einer eigenständigen Verschmelzung *(honji suijaku)* bereits weit vorangetrieben: Grundlage und innerer Sinn stammen aus dem Buddhismus, die äußere Gestalt vom bodenständigen Shintoismus.

In der Folgezeit wurde immer wieder versucht, die Abhängigkeiten des ***synkretistischen Shintoismus*** von der chinesischen und indischen Geistigkeit zu befreien. Vor allem in der Zeit der Mongoleneinbrüche 1274 und 1281, die Japan erfolgreich abwehren konnte, wurde das nationale Selbstgefühl sehr gestärkt, und man sah darin den Beweis für den Schutz einheimischer Götter. Aus dieser Zeit stammt z. B. der *Bericht über die rechtmäßige Reihenfolge der göttlichen Herrscher* von **Kitabatake** (1293–1384), der aufweist, dass Japan China und Indien durch seine einzigartige Linie der Kaiser bis zurück zu den Göttern überlegen sei. Auch die *Fünf Klassiker* stammen aus dieser Zeit (obwohl sie sich als in ferner Vorzeit geschrieben ausgeben), in denen versucht wird, eine shintoistische Philosophie und Sittenlehre zu geben, die aber deutlich ihren Ursprung in Buddhismus und Konfuzianismus erkennen lässt.

Den Höhepunkt solcher Vereinnahmung der geistlichen Übernahmen für den *Ur-Shintô* bedeutet **Yoshida Kanetomo** (1435–1511), der auf der Basis der gefälschten Klassiker auch bei der Datierung der Herrscher höchst willkürlich verfährt und die historische Wahrheit auf den Kopf stellt:

Während der Herrschaft der Kaiserin Suiko stellte der 34. Herrscher, Prinz Shôtoku (um 765) in einer Gedenkschrift fest, dass in der Zivilisation Japan die Wurzeln und den Stamm bildete, China die Zweige und Blätter und Indien die Blüten und Früchte. In ähnlicher Weise bildet der Buddhismus die Blüten und Früchte aller Gesetze, der Konfuzianismus ihre Zweige und Blätter und Shintô die Wurzeln und den Stamm. So sind alle fremden Lehren dem Shintoismus entsprossen.

Eine konsequente Säuberung des Shintoismus von allen fremden Elementen und die Schaffung eines ***Reinen Shintoismus*** geschah dann im 18. und 19. Jh. Den Anfang machte **Kamo Mabuchi** († 1769) der in seiner »Untersuchung über die Idee einer Nation« schrieb:

In alter Zeit wurde Japan in Übereinstimmung mit den natürlichen Gesetzen des Himmels und der Erde regiert. Damals wurde keine so kleinliche Nationalisierung geduldet, wie sie für China typisch war. Als aber plötzlich diese Lehren vom Ausland hierher verpflanzt wurden, breiteten sie sich rasch aus, denn die Leute von Anno dazumal nahmen sie in ihrer Einfachheit für bare Münze. In Japan hatte Generationen hindurch bis zurück in die fernste Vergangenheit der Wohlstand geherrscht, aber kaum waren diese konfuzianischen Lehren zur Zeit des großen Kaisers Temmu verbreitet worden, trat ein großer Umsturz ein. Später wurden in Nara der Palast, die Kleidung und die Zeremonien chinesifiziert, und alles nahm eine äußerliche Eleganz an; unter der Oberfläche jedoch gewannen Streitsucht und Unehrlichkeit immer mehr die Oberhand.

Ähnlich argumentierten **Motoori Norinaga** († 1801), der eine Renaissance des Shintô auf der Basis der beiden Bücher Kojiki und Nihongi initiierte, und **Hirata Atsutane** († 1843), der Elemente anderer Religionen – auch des Christentums – in den Shintoismus integrierte und einen modifizierten *Reinen Shintoismus* anstrebte:

Takamimusubi ist die Erschaffung von Himmel und Erde zuzuschreiben, einem Gott von unvergleichlicher Macht. Ohne Zweifel wohnt er im Himmel und regiert über die Welt. Trotz der durchscheinend klaren Natur dieser Wahr-

heiten verstehen Gelehrte, deren Geist durch die chinesische und indische Bildung Schaden erlitten hat – so wie auch Leute, die in ihrer Unwissenheit einen gottlosen Unglauben vertreten –, nicht, dass schon die Tatsache ihrer eigenen Geburt unmittelbar der Schöpferkraft dieses Gottes zuzuschreiben ist. Sie verharren in ihrem Skeptizismus und erklären, die alten Wahrheiten seien lediglich typisch japanische Legenden, die zu glauben sie ablehnen. In vielen anderen Ländern glaubt man, dass die Saat der Menschen und aller anderen Dinge ihr Dasein den Kräften dieses Gottes verdanken … Bis weit in den Westen Indiens gibt es zahlreiche andere Länder, und in jedem finden wir Traditionen eines Himmelsgottes, der die Himmel und die Erde, den Menschen und alle Dinge schuf … Nicht alle menschlichen Seelen gehen ins Yomi (= Unterwelt). *Da die Seele dem Menschen durch den Gott Musubi verliehen ist, sollte er seiner Natur entsprechend zum Himmel zurückkehren. Ich habe allerdings noch keinen positiven Anhaltspunkt und keine alte Überlieferung gefunden, die beweist, dass das für alle Menschen zutrifft.«*

Der letzte Teil des Zitats über die Unterwelt zeigt deutlich die Probleme, mit denen der *Reine Shintoismus* zu kämpfen hatte, denn die alten Überlieferungen gestehen nur den direkten Nachkommen der Amaterasu und des Takamimusubi (also den Mitgliedern der kaiserlichen Familie(n) als vom Himmelsgott und der Sonnengöttin stammend) das Eingehen in den Himmel zu – auf alle anderen wartet das *Yomi*, die *Unterwelt*: ein Bereich der Finsternis, tief unter der Erde. Diese Welt der Toten wird deshalb auch »Wurzelland« oder »Bodenland« genannt und ist in den verworrenen Vorstellungen voll von Sünden und Schmutz, so dass sich jeder, der damit zu tun hat, einer rituellen Reinigung unterziehen muss. Die Unterwelt ist von grässlichen Weibern und bösartigen Dämonen bevölkert, welche die Krankheiten und das Sterben *(shinuru)* verursachen. Der Tod besteht darin, dass der Atem (= *shi* = *Wind*) weggeht *(= inuru)*, d. h. die Seele den Leib verlässt und ihre Wohnung wechselt. Sie lebt jetzt in der für die Menschen »unsichtbaren Welt« mit vollem Bewusstsein weiter. Herrscherin über diesen Bereich ist die zur großen Göttin gewordene Erdmutter Izanami.

Der japanische Mahāyāana-Buddhismus hatte diesen Teil der Shintolehre durch seine Erwartungen des Eingehens in die verschiedenen jenseitigen Paradiese und Inseln der Seligen verdrängt und einen willkommenen Ausweg angeboten. Jetzt hatte man den Shintoismus vom Buddhismus befreit und drohte buchstäblich ins Yomi zu stürzen! ***Motoori Norinaga*** verlangt in dieser Situation Glaubensbereitschaft und beruft sich auf ein höheres Prinzip, das den Verstand des Menschen notwendig übersteigt:

Die Handlungen der Götter können nicht an gewöhnlichen menschlichen Überlegungen gemessen werden. Der menschliche Verstand hat, auch wenn er noch so vortrefflich ist, seine Grenzen. Er ist klein, und was über seine Beschränktheit hinausgeht, kann er nicht wissen. Die Taten Gottes sind geradlinig. Dass sie uns so seicht und unwahr erscheinen, erklärt sich aus den Begrenztheiten dessen, was der Mensch wissen kann. Für den menschlichen Geist erscheinen ihre Handlungen entrückt, unzugänglich und schwierig zu verstehen und zu glauben. Die chinesischen Lehren anderseits wurden innerhalb der Reichweite der menschlichen Intelligenz aufgestellt; so waren sie für den Geist des Zuhörers vertraut und leicht zu verstehen und zu glauben … die Chinesen geben vor, sie hätten die Weisheit der Weisen und wüssten, was in Wirklichkeit ihr Geist gar nicht wissen kann.

Trotz solcher Begründungs- und Vermittlungsprobleme (die mehr als zwei Jahrtausende alten, wenig modifizierten Vorstellungen aus dem Alt-Shintô wirken im Denken des 19. Jahrhundert sperrig bis unglaubwürdig; aber der *fideistische* Glaube, den Motoori verlangt, setzt am falschen Hebel an) war der Reine Shintoismus eine der treibenden Kräfte bei der Restauration von 1867, durch die Kaiser **Mutsuhito** (1867–1912) aus der Familie der Meiji ausdrücklich als *Nachkomme der Sonnengöttin* an die Macht kam.

Durch den Sturz des Tokugawa-Shôgunats und die Abdankung des 15. Shôguns Yoshinobu war es nun möglich, »aus dem fremdenfeindlichen Feudalstaat einen imperialistischen Industriestaat« zu machen. Die Abschaffung des Vier-Klassen-Systems und die Einführung der allgemeinen Schul- und Wehrpflicht bewirkten zusammen mit umfassenden, von 20 jungen, nationalistisch gesinnten jungen Samurai aus Westjapan weitsichtig geplanten und umgesetzten Modernisierungsmaßnahmen im Bereich der Wirtschaft und durch eine politische Strukturänderung den Weg des neuen Kaiserreichs.

Dieses Ratgebergremium *(Sangi)* richtete Mitte 1868 eine zentrale Regierung *(Daijôkan)* ein und arbeitete eine Verfassung aus, die am 11. Februar 1889 verkündet wurde. Japan war demnach jetzt eine konstitutionelle erbliche Monarchie. Der ***göttliche Kaiser*** (Tennô) als Symbol der nationalen Eigenständigkeit und ungebrochenen historischen Kontinuität hatte allein die Exekutiv-Gewalt inne, war Oberbefehlshaber der Streitkräfte, bestimmte über Krieg und Frieden und schloss Verträge ab. Er wurde beraten von dem ihm allein verantwortlichen Kabinett und dem geheimen Staatsrat. Ein vom Volk (aufgrund des Zensuswahlrechts nur von einer Minderheit von 1 Prozent der Bevölkerung) gewähltes Parlament, das vorerst nur geringe Rechte hatte, bildete das Unterhaus.

Was die religiösen Belange anlangte, unterschied die Regierung nun zwischen dem *Shintô der Heiligtümer (jinja)* – darunter verstand man den Vollzug des nationalen Ritus – und dem *Shintô der Kirchen (kyokai)* – damit werden alle übrigen shintoistischen Sekten bezeichnet. Die Priesterschaft der Jinja wird vom Staat unterstützt, die anderen waren auf freiwillige Beiträge angewiesen. Die in der Verfassung für den Shinto der Kirchen vorgesehene Freiheit des Kultes und der Propaganda bezog sich auch auf den Buddhismus und das Christentum, die in der Folgezeit aber vom offiziellen Shintoismus (*Staatsshintoismus*), der einen extrem nationalen Kurs steuerte, unterdrückt und in ihrer Freiheit stark eingeschränkt wurden.

Nach dem Zusammenbruch der japanischen Expansionsbewegung bzw. des japanischen Imperialismus durch die Niederlage im Zweiten Weltkrieg an der Seite Hitler-Deutschlands wurde im Zug der von den Siegermächten verlangten Veränderung der japanischen Verfassung auch der Staatsshintoismus als »mitverantwortlich für den japanischen Militarismus und Ultranationalismus« abgeschafft. Kaiser Hirohito erklärte in seiner Botschaft zum Neujahr 1946:

> *Die Bande zwischen uns und unserem Volk beruhten immer auf gegenseitigem Vertrauen und Zuneigung. Sie beruhen nicht auf bloßen Legenden und Mythen. Sie sind nicht begründet auf der falschen Vorstellung, dass der Kaiser*

göttlich und dass das japanische Volk anderen Rassen überlegen und zur Herrschaft über die Welt berufen sei.

Die japanische Bevölkerung fand sich rasch mit den neuen Gegebenheiten ab und belebte sehr schnell wieder die jahrhundertealten Traditionen, wobei vor allem die »Sekten« einen starken Aufschwung nahmen und einen riesigen Zulauf aufzuweisen hatten.

Am 3. Februar 1946 wurde der ***Jinja-honcho*** (= Zentralverwaltung der Jinjas) gegründet, mit Sitz beim Tempel des Meiji-Kaisers in Tokio, der Ex-Prinz Nobusuke Takutsakasa zum Präsidenten bestellt. Der Jinja-honcho erkannte zwar die traditionellen Götter an, legte aber wenig Wert auf Weiterentwicklung der Lehre (wie dies im Reinen Shintoismus versucht wurde).

Die neue Shintô-Religionsgesellschaft machte ausgiebig Werbung in der Bevölkerung für die Unterstützung der alten, angestammten Religion, sorgte für eine gute Ausbildung der Priesterschaft und erreichte 1952 die Anerkennung als eine der Hauptreligionen Japans. Sie gibt verschiedene Schriften heraus, in denen ihre Ziele propagiert werden: Förderung des Wohlstands der Shintô-Tempel, Einschärfung der ewigen Gesetze und einer gesunden Sittlichkeit, Darbringung von traditionellen Opferhandlungen zur Erlangung des Segens der Gottheit *(kami)*, Pflege des Bewusstsein, ständig in positivem Kontakt mit der Gottheit zu stehen, Mitarbeit am Wohl der Menschheit.

Kirche und Staat sind heute in Japan de facto getrennt, doch lässt sich die Religionszugehörigkeit schwer feststellen, da es einerseits häufig eine Mehrfachzugehörigkeit gibt, andererseits viele Menschen sehr fluktuierend das Veranstaltungsangebot der zahlreichen Religionsgemeinschaften aller Art benützen.

Im modernen Japan hat sich – wie in manchen anderen fernöstlichen Ländern – eine Reihe von neuen Religionen entwickelt, die sich bewusst von den traditionellen Weltreligionen abgrenzen, obwohl sie Elemente ihrer Lehre übernehmen und integrieren. Diese Religionen haben ein neues Heilsverständnis entwickelt, das den modernen Menschen intensiver und adäquater anspricht und ihn zu persönlichem Heil, größerer Mitverantwortung und aktiver Weltzuwendung führt.

Neben dem Buddhismus und Shintoismus und kleinen Gemeinden vieler Weltreligionen existieren heute in Japan an die 400 neue Religionsgemeinschaften, die teilweise großen Zulauf haben. Die wichtigsten seien kurz genannt:

Tenri-kyo (= Lehre von der himmlischen Wahrheit): 1838 gegründet, von einer Bauersfrau, die sich als auserwählten irdischen Tempel Gottes verstand, durch dessen Vermittlung den Menschen Heil geschenkt werden soll. Die bereits weit über zwei Millionen Gläubige zählende Gemeinschaft feiert Gottesdienste mit ekstatischen Tänzen und viel Frohsinn und versucht die Menschen für den Einsatz im Dienst des Friedens zu rüsten und zu motivieren. Sie verfügen über etwa 15.000 Tempel und 5.000 Missionsstationen.

Omoto-kyo (= Große Grundlegung): Die Gründerin, eine medial begabte Frau, schrieb 1892 eine Offenbarung nieder: Das Gottesreich soll aufgerichtet werden und die Gesellschaft wird erneuert werden, nicht nur in Japan, sondern auf der ganzen Welt. An dieser Wiederherstellung und Vollendung der Welt Gottes wollen die Mitglieder mitwirken, weshalb sie stark missionarisch orientiert sind und Menschen guten Willens sammeln.

PL-Kyodan (= Orden der vollkommenen Freiheit): Hier wird die Lebenskunst geübt, die darin besteht, sich in großer Selbstdisziplin dem Dienst an den Mitmenschen zu widmen. Dies geschieht mit viel Kreativität über das Ausüben von Sport, Malen, Dichten, Modellieren usw.

Seicho-no-Ie (= Haus des Wachstums): Es handelt sich um eine stark synkretistisch eingestellte Gemeinschaft, die buddhistische, christliche, abendländisch-philosophische und psychoanalytische Elemente miteinander verbindet, um die Menschheit zu retten und zu erleuchten. Es kommt in allem auf die Verwirklichung des Willens Gottes an, der jeden menschlichen Willen übersteigt und eine von Frieden erfüllte menschliche Gemeinschaft will. In dieser Gemeinschaft wird Gott selbst Wohnung nehmen und sein Reich aufbauen. Das bedeutet, dass die Herrschaft Gottes im Inneren der Menschen beginnt.

Odoru Shukyo: Diese Religion predigt das bereits gegenwärtige Gottesreich, das durch die Menschen von heute verwirklicht werden muss. Die charismatisch begabte Bauersfrau Kitamura Sayo spielte darin eine entscheidende Rolle. Sie rief dank ihrer großen Predigtbegabung große Volksmengen zusammen und wird die »Prophetin von Tabuse« genannt. 1944 begann sie mit ihrer ersten Predigt, in der sie Natur und Gott (kami) gleichsetzt und die Menschen aufruft, zur Natur (= zu Gott) zurückzukehren. Natur ist hier als Einfachheit, Reinheit und Wahrheit verstanden. Die Gründerin sieht sich auch als christliche Prophetin, die im Auftrag Christi die letzte, den Menschen befreiende Lehre kundtut. Gott spricht aus ihr, wohnt in ihr und äußert sich in Freude und Gesang.

Soka-Gakkai (= Studiengesellschaft zur Schaffung von Werten): Diese in der Zeit nach dem Ersten Weltkrieg entstandene Religionsgemeinschaft wollte ein neues Erziehungssystem gründen (gegen die damals weit verbreitete deutsche Pädagogik). Ziel der Pädagogik muss es – nach ihrem Gründer Tsunesaburo Makiguchi – sein, Werte zu begründen. Dies geschieht am besten dadurch, dass man sich an das Lotus-Sutra anschließt (= buddhistische Lehrschrift, die etwa zwei Jahrtausende alt ist und um die Rettung der Welt besorgt ist. Buddha, der über dem Kosmos thront, ruft die Menschen auf, die von ihm erkannten und verwirklichten Werte zu übernehmen, um das Heil zu erlangen und gerettet zu werden). Nach dem Zweiten Weltkrieg wurde die Bewegung von Josei Toda erneuert und zu einer lebendigen Bewegung erweitert. Jeder Mensch hat die Aufgabe, als Bodhisattva seine Mitmenschen (der ganze Kosmos bildet eine Einheit) zum Heil zu führen. Dies geschieht, indem man die kosmischen Gesetze des Lotus-Sutra aufnimmt und verwirklicht. Die Mission der Soka-Gakkai wendet sich an Familien (nicht an Einzelne) und hat in wenigen Jahren bereits mehr als eine Million Familien gewonnen. In der Begeisterung der Soka-Gakkai wird ein japanisch-messianisches Bewusstsein wach, das von großer Hoffnung für die Erneuerung der Welt getragen ist.

Reiyu-Kai (= Die Gesellschaft der Freunde der Seelen der Verstorbenen): Stammt aus dem Jahre 1925 und erlebte nach 1945 eine rasche Ausbreitung. Sie räumt dem Ahnenkult eine große Bedeutung ein, holt ihre Werte und Prinzipien ebenfalls aus dem Lotus-Sutra, setzt sie aber in eine den heutigen Menschen ansprechende und ihm verständliche Lebensart um.

Der japanische Buddhismus

Anfänge und Durchbruch des Buddhismus in Japan

Den **Anfang des Buddhismus** in Japan bildete, dem *Nihonshoki* (= Japanische Annalen) zufolge, im Jahre 552 n. Chr. eine Aktion des koreanischen Königs Syöng-Myöng, Herrscher im Südstaat *Päkche*, der eine Gesandtschaft zum japanischen Kaiser Kinmei nach *Nara* schickte und ihm eine vergoldete Bronze-Statue des Buddha Shākyamuni, samt religiösen Fahnen und Schirmen sowie eine Anzahl buddhistischer Lehr-Schriften überreichen ließ. Der koreanische Monarch war auf der Suche nach einem Bundesgenossen gegen seine Rivalen (das koreanische Nordreich *Kokuryo* und das Ostreich *Silla*). Auf die Japaner, die solche religiösen Idole bisher nicht kannten, machte vor allem die Buddhastatue großen Eindruck. In seinem Begleitbrief schrieb König Syöng-Myöng:

Die Lehre des Buddha ist unter allen Lehren die vorzüglichste, sie ist aber schwer zu erklären und zu verstehen. Weder der Herzog von Chou noch Konfuzius waren zu einem wahren Verständnis gekommen. Sie vermag ohne Maß und ohne Grenzen religiöse Verdienste und Wiedervergeltung zu erzeugen und führt so zum Verständnis höchster Erkenntnis. Man stelle sich beispielsweise vor, dass ein Mensch alle Schätze, die sein Herz begehrt, besäße und nach Belieben davon Gebrauch machen und alle seine Wünsche befriedigen könnte. Gerade so ist es auch mit den Schätzen dieser wunderbaren Lehre. Sie soll im Osten verbreitet werden.

Die neue Weltsicht des Buddhismus haben wahrscheinlich auch die Japaner anfangs kaum verstanden. Es fehlte ihnen ganz einfach an den nötigen Voraussetzungen für das Verständnis der Mahāyāna-Philosophie von der totalen Leere, wovon wahrscheinlich das überreichte Sūtra handelte. Und der Zusammenhang mit dem historischen Buddha (der auf der überreichten Statue dargestellt war) war wohl auch dem koreanischen König unklar.

Aber es war nicht das erste derartige religiöse Geschenk der Koreaner an die Japaner, wodurch Manifestationen chinesischer Religiosität an das benachbarte Inselreich weitergereicht wurden. Denn bereits 410 n. Chr. sind nachweislich das *Lun-yü* (= die »Unterredungen des Konfuzius mit seinen Schülern«) und damit zentrale Gedanken des Konfuzius auf diesem Weg nach Japan gelangt.

Kaiser Kinmei fragte seine Minister um Rat, und die Konservativen an seinem Hof (Mitglieder der Nakatomi- und Mononobe-Sippe) rieten dringlich davon ab, da die Verehrung »ausländischer Kami« den Zorn der »einheimischen Kami« erregen könnte. Sein außenpolitischer Berater *Iname no Sukume* aus der Soga-Sippe dagegen sprach sich dafür aus, setzte sich beim Kaiser durch, und der verfügte, dass Standbild und Schriften angenommen werden sollten und das Standbild versuchsweise zur Verehrung freigegeben werde. Iname ließ einen Schrein für den Buddha erbauen und verehrte ihn mit seiner Sippe. Als bald darauf eine furchtbare Seuche im Land ausbrach, meinte man bald, die Ursache gefunden zu haben. So ließ der Kaiser die Statue in einen Kanal werfen und den Tempel niederbrennen. Im Jahr darauf ließ er aber zwei Standbilder in der Art der aus Korea geschickten Statue aus Holz nachschnitzen und rief buddhistische Lehrer und Nonnen ins Land, welche die Lehre verbreiten sollten.

In der folgenden Spruchweisheit kommt die Lehre des *Theravāda-Buddhismus* hervorragend zum Ausdruck:

Die Weide ist grün, die Blüte ist rot;
der Berg ist Berg, das Wasser ist Wasser.

Was wie reine Lyrik und eine inhaltsleere Selbstverständlichkeit klingt, ist Ausdruck der extremen Theravāda- oder Yogācāra-Lehre, die damals wahrscheinlich als erste nach Japan kam: Hinter der Welt der Erscheinungen stehen nicht die Kami, wie die japanische Shinto-Tradition annimmt, sondern steht das absolute Nichts. Aufgabe des Menschen ist es, sich von der Welt loszulösen, um frei zu werden von der vergänglichen Welt des Scheins und in das Nirwana (= Nicht-mehr-Wollen, Nicht-mehr-Streben, Nicht-mehr-Leben usw.) eingehen zu können.

Dieser extreme Buddhismus setzte sich in Japan nicht durch, erst der *Mahāyāna-Buddhismus* mit seiner Dialektik, dass das ewig Werdende mit dem ewig Bleibenden identisch ist und im Relativen das Absolute verborgen ist, war den Japanern zugänglich, und sie verstanden: Die vom Regen bewegten Bambusblätter, die kleinen Sperlinge, die gegen den Wind fliegen, sind so, wie sie sind, Buddha selbst:

> *Auf dem Geierberg: Wer stünde dort und sah den Mond nicht leuchten?*
> *Es hinge ihm denn die Wolke vor dem eigenen Herzen.*
> (Saigyo Hoshi)
>
> *Ist die Welt ein Traum? Ist sie wesenhaft? Sage! –*
> *Weder wesenhaft, noch auch Traum,*
> *dass ich wüsste: ein Etwas, ein Nichts in einem.*
> (unbekannter Autor, 9. Jh.)

Alle Menschen und alle Dinge sind identisch mit Buddha. Sie sind selbst Buddha. Aber es existiert auch kein Buddha. Das ist der Standpunkt der letzten und höchsten Erkenntnis, welche das eigentliche Ziel des Menschen bildet. Auch diese Mahāyāna-Metaphysik haben die Japaner zunächst wohl nicht verstanden, sie sahen vielmehr im Buddha einen fremden, geheimnisvollen Kami.

Den **Durchbruch** schaffte erst ***Kronprinz Shôtoku-Taishi*** (574–62), der für die Kaiserin *Suiko* (592–628) die Regierungsgeschäfte führte. Sie war eng mit der Soga-Familie verbunden und war eine gläubige Buddhistin geworden. Bald nach der Thronbesteigung zog sie sich zurück, überließ ihrem Neffen die Regierung und wurde eine buddhistische Nonne.

Die folgenden dreißig Jahre waren eine Zeit der Bildung und Konsolidierung des Zentralstaates und der Integration des Buddhismus in die bisherige Religion. Bis heute gilt er als unerreichtes Vorbild eines japanischen Staatsmannes und tugendhaften Japaners. 594 ordnete Kaiserin Suiko an, dass der Buddhismus unter staatliche Patronanz zu stellen sei. Shôtoku ließ sich von einem koreanischen Buddhisten im neuen Glauben unterweisen, und die »Verfassung in 17 Artikeln«, die er 604 erließ, beginnt mit den Worten: *»Harmonie ist als höchster Wert zu achten … Verehrt aufrichtig die Drei Juwelen: Buddha, Dharma, Sangha.«*

Nach der Darlegung, wie jeder im Staat seiner Stellung im Staat gemäß und in Übereinstimmung mit buddhistischen und konfuzianistischen Prinzipien zu handeln habe, forderte er die

Bürger auf, auf gegenseitiges Verstehen gegründete Harmonie und Toleranz zu üben: *»... wir sind alle abwechselnd weise und dumm, wie ein Ring ohne Ende«.*

Prinz Shôtoku gründete 607 das Hôryûji-Kloster in Nara. In der Mitte des Platzes Pagode und Haupthalle.

607 nahm Shôtoku Kontakte mit der chinesischen Sui-Dynastie auf, die in der Folge bis 838 gepflegt wurden. Eine große Zahl japanischer Gelehrter begleitete die Gesandtschaften, und sie nutzten den Aufenthalt zu Studium und Bildung. Nicht nur die Religion, sondern auch Kultur- und Bildungsgüter aller Art strömten auf diese Weise von China nach Japan und hatten riesige Auswirkungen auf die gesamte japanische Kultur.

Die in dieser Zeit erfolgte Umpolung des Buddhismus zu einer praktischen, dem Diesseits zugewandten und es vergeistigenden Lebenshilfe lässt sich durchaus mit dem Geist des Mahāyāna vereinbaren, ist aber eine neue Facette im Buddhismus und eine japanische Eigenprägung.

Ein typisches Beispiel dafür stellte der »Tempel der vier Himmelskönige« *(Shitennôji)* in Ōsaka dar. Bei seiner Gründung durch Shôtoku war er ein Zentrum der Sozialfürsorge und umfasste vier Hauptabteilungen: Ein ***Heiligtum*** zur Abhaltung von Riten und Ausbildung in buddhistischer Disziplin und Lehre sowie in Wissenschaft, Philosophie und Kunst; eine

Apotheke zur Sammlung, Zubereitung und Verteilung von Heilmitteln; ein ***Asyl*** für Arme und Hilfsbedürftige; ein ***Krankenhaus*** mit kostenloser Behandlung.

Grundlegend für Shôtoku war die Verbindung der beiden Tugenden Toleranz und Mitleid – also der Lehren des *Lotus-Sūtra* (dessen Lehre Theravāda und Mahāyāna zu verbinden vermag) und des »Bodhisattva«-Ideals. Die Chronik berichtet, dass es im Jahre 623 bereits 46 buddhistische Tempel, 816 buddhistische Mönche und 569 Nonnen gab.

Erste Blüte des japanischen Buddhismus

In der **Nara-Zeit** (710–784) kam es zur **ersten Blüte des japanischen Buddhismus**. Sechs verschiedene buddhistische Schulen (»Sekten«) bzw. Lehrzentren wurden eingeführt und von Mönchen weiterentwickelt:

Die ***Sanron***-Sekte, die sich auf drei Traktate der indischen Mādhyamika-Schule gründete und den »mittleren Weg« lehrte. Sie war die Basis für die anderen, führte sie im 7. Jh. an, ging später in ihnen auf.

Die ***Jōjitsu***-Sekte, die sich auf den Inder *Harivarman* († 350) zurückführt und die Hīnayāna-Richtung lehrte.

Die ***Hossō***-Sekte (seit 660), die sich auf die Yogācāra-Richtung stützt und auch buddhistischer Idealismus genannt wird. Aus dem Speicherbewusstsein in jedem Menschen und den dort gelagerten Samen *(bija)* enstehen die Erscheinungen unserer Welt. Durch bestimmte geistige Übungen erlangt man die wahre Erkenntnis des großen Selbst *(daiga)*. Diese Lehre entfaltete sich später im *Zen*.

Die ***Kusha***-Sekte beruht auf dem »Abidharmakosha« des Vasabandhu († 400) und stellt ein kompliziertes Analyse-System von 75 Elementen *(dharma)* dar. Sie ist die Basis der Hossō-Schule und gehört darüber hinaus zum Basiswissen jedes japanischen Buddhologen.

Die ***Kegon***-Sekte (seit 736) beruht auf dem Avatamshaka-Sūtra, demzufolge alles Sein der Buddha-Vairocana *(= Birushana-butsu)* ist: »Eins ist von allem, alles von einem durchdrungen«. Die Schule wirkte sich besonders auf den Buddhismus der *Kamakura-Zeit* (1185–1333) und auf die Zen-Schule des *Dōgen* (1200–1253) aus.

Die ***Risshū***-Sekte (seit 754) stellt die Regeln der Mönchsdisziplin *(vinaya)* in den Mittelpunkt ihrer Lehre und führt in die »Übertragung der Gebote« ein. Der Chinese Chien-chen (jap. Ganjin) ist der Begründer dieser Schule, welche ein genaues Ritual für die Ordination der Mönche und Nonnen ausarbeitete und die feierliche Ordnation auf einer der drei im Land errichteten Gebotstribünen *(kaidan)* durchsetzte.

Alle diese buddhistischen Gemeinschaften waren auf die Schulung von Mönchen (Nonnen) ausgerichtet. Das Volk nahm nur gewisse Elemente auf, die es mit dem gewohnten Shintô verschmelzen konnte, und machte sich aus beidem eine eigene Religion, die seinen Bedürfnissen entsprach.

In dieser Zeit entstand ein einzigartiges Kunstwerk, der **Daibutsu** (= Großer Buddha) im 752 n. Chr. eingeweihten Todaiji-Tempel. Mit 18 Metern ist diese Bronzestatue (von einem koreanischen Künstler entworfen und aus 473 Tonnen Bronze gegossen, mit 139 Kilogramm reinem Gold überzogen) die größte der Welt. Sie soll den **Buddha *Vairochana*** (= der Sonnengleiche) in seinem Ewigkeitskörper darstellen – seine Hände zeigen die Geste des Lehrens und Austeilens der Gnade. Nach der buddhistischen Dreikörperlehre *(trikaya)* hat der Buddha neben dem sichtbaren Erscheinungskörper *(nirmanakaya)* den paradiesischen Genusskörper *(sambogha-kaya)* und einen kosmisch-absoluten Körper *(dharmakaya)* und ist mit dem **Adi**-(= Ur-)**Buddha** identisch.

Japanisierung des Buddhismus

In der **Heian-Zeit** (794–1192) wurde der Buddhismus stärker japanisiert. Kaiser **Kammu** wollte sich dem Einfluss der buddhistischen Mönche entziehen, die ihren Einfluss als Berater auch mehr und mehr in weltlichen Bereichen geltend zu machen suchten, und verlegte deshalb 784 die Hauptstadt von Nara zuerst nach **Nagaoka** und dann 794 in das nördlicher gelegene **Heian-kyô**, *das heutige* **Kyôto.** Da der bisherige Buddhismus doch noch stark indisch oder chinesisch geprägt war und von der Bevölkerung nicht gut rezipiert werden konnte, plante der Kaiser, dem abzuhelfen, und er gewann für diesen Plan zwei herausragende junge Mönche: **Saichô** und

Kûkai. Beide hatten in China studiert, nahmen aber eine eigenständige Entwicklung und schienen dem Kaiser geeignet, dem Übel der Volksfremdheit des Buddhismus abhelfen zu können.

Saichô (767–822), genannt *Dengyô Daishi* (= Großmeister der Lehrübertragung), gründete die **Tendai-Hokke-Schule** in einem Kloster auf dem Berg Hiei, das allmählich eine eigene Klosterstadt wurde (»die Wiege des japanischen Buddhismus«). In seiner Blütezeit beherbergte es bis zu 40.000 Mönche. Das *Lotus-Sūtra* (Sūtra = Lehrbuch) in der Auslegung des chinesischen Mönches *Chih-chê* († 597), der auf dem Berg T'ien-t'ai-shan lebte und eine eigene Schule begründet hatte (die Saichô in China kennen lernte), war die Basis seiner Lehre, die in eklektizistischer Weise alle Elemente des Buddha-Wegs in einem einzigen Übungs- und Lehrsystem vereinigte. Saichô fügte auch noch andere Lehren hinzu: die Meditations-Praxis des *Ch'an* (jap. Zen), die auf dem *Sūtra des Netzes des Indra* (jap. Bonmôkyô) beruhenden Mahāyāna-Gebote und Teile der esoterischen Lehre des *Wahren Wortes* (*Chen-yen; jap. Shingon*). Dies war bereits ein sehr praktischer Schritt zu einer aktiven und für jeden zugänglichen Religiosität, da die Tendai-Lehre ausdrücklich sagt, dass auch auf dem elendsten Niveau menschlichen Daseins schon der Keim zur höchsten Vollendung, zum vollen Erwachen, vorhanden ist.

Kûkai (774–835), genannt *Kōbō-Daishi* (= Großmeister der Verbreitung des Dharma), kam mit 15 Jahren in die Hauptstadt, wurde bald vom Buddhismus angezogen und verfasste schon mit 17 Jahren das *Sanghō-shiiki* (= Drei Dogmen), eine kritische Schrift über die drei Religionen Konfuzianismus, Buddhismus und Taoismus, in der er aufzeigt, dass der Buddhismus am tiefsten geht und die beiden anderen in sich birgt. Mit 19 wurde er Mönch. Im Jahre 804 war er zusammen mit *Saichô* in China und traf dort mit *Hui-Kuo*, dem 7. Patriarchen der Schule des »Wahren Wortes« zusammen, der ihn in den Tantrismus des »Shingon« einführte und zum 8. Patriarchen initiierte. 806 war er wieder zurück in Japan und wurde Abt des Kegon-Tempels Tōdai-ji in Nara. 816 gründete er die **Shingon-Sekte** auf dem Berg *Kôya* (Halbinsel Kii) und erhielt 823 einen der beiden Haupttempel (Tō-ji) der neuen Hauptstadt übertragen. Höhepunkt in seinem Leben aber wohl die

Gründung eines »Tempels des Wahren Wortes« innerhalb des Kaiserpalastes. Erstmals im Jahre 834 (und von da an jährlich) fanden dort bedeutsame esoterische Riten für das Wohlergehen des Kaisers statt. Kûkai entwickelte die tantrische Lehre zu ihrer Blüte (der japanische Tantrismus ist aber mit dem Tantrismus in Tibet, Ceylon, Mongolei usw. nicht zu vergleichen!), die japanische Geheimlehre vertritt nämlich einen ***reinen Tantrismus*** (Shingon = wahres Wort = Mantra): Durch Meditation erlangt der Mensch die absolute Ruhe des Geistes *(samadhi)* und kann zur Buddhaschaft gelangen. Zwölf Jahre lang muss ein Mensch als Mönch diese Meditation üben, um in ihr Grundwesen einzudringen und sich voll auf den Weg der Buddhaschaft zu begeben.

Durch seine außergewöhnlichen geistigen Kräfte (er konnte es nachweislich regnen lassen) und sonstigen Begabungen (als Kalligraph, Bildhauer, Zivilisator usw.) gilt er im Volk als einer der mächtigsten Heiligen. In der tantrischen Magie lag aber auch die Ursache späterer Zwistigkeiten durch Machtmissbrauch (z. B. der Mönchskrieger).

Die **Buddha-Amida-Lehre** war neben den beiden eben besprochenen Schulen der dritte große Schritt zur Japanisierung des Buddhismus. Mehr noch als die beiden anderen war diese *Lehre von der erlösenden Kraft des Buddha* imstande, die Menschen in der späten Heinan-Zeit innerlich zu bewegen und zu trösten. Denn eine pessimistische Weltsicht hatte sich damals ausgebreitet, die ebenfalls auf Buddha und seine Weissagung vom schrittweisen Verfall seiner Lehre zurückging:

> *Nach meinem Hinscheiden werden zunächst fünf Dinge verschwinden. Welche fünf? Das Verschwinden des Erlangens der Lehre, das Verschwinden des richtigen Verhaltens, das Verschwinden der Gelehrsamkeit, das Verschwinden der äußeren Form, das Verschwinden der Reliquien.*
>
> *Das Erlangen bedeutet hier, dass nur tausend Jahre nach dem vollständigen Nirvana des Herrn Mönche imstande sein werden, analytische Einsichten zu üben. Wenn die Zeit fortschreitet, sind diese meine Jünger Nichtwiederkehrer, Einmalwiederkehrer und Stromerreicher. Für sie wird es kein Verschwinden des Erlangens geben. Aber mit dem Erleben des letzten Stromerreichers wird das Erlangen verschwunden sein …*

Das Verschwinden der Gelehrsamkeit bedeutet, dass, solange die Texte und Kommentare in den drei Körben (= kanonische Texte des Theravāda-Buddhismus), *die das Wort des Buddha betreffen, noch fest bestehen, es kein Verschwinden der Gelehrsamkeit geben wird. Wenn die Zeit fortschreitet, wird es Könige von niederer Geburt geben, die nicht Menschen des Dharma sind; ihre Minister und dergleichen werden keine Dharma-Menschen mehr sein, und konsequenterweise werden auch die Bewohner ihrer Königreiche keine Dharma-Menschen mehr sein. Deshalb werden die Ernten nicht gedeihen, und daher werden die Spender der Lebensnotwendigkeiten für die Mönchsgemeinde außerstande sein,*

Dieses japanische Mandala zeigt das westliche Paradies, in dem der Buddha Amida Hof hält.

ihnen diese Erfordernisse zu geben. Dann werden sie keine Schüler bekommen und die Gelehrsamkeit wird verfallen … (Auszug aus dem Anāgatavamsa)

Der *Buddha des westlichen Paradieses* ist nicht so streng wie der historische Buddha Shākyamuni, er nimmt alle in das Paradies auf, die mit gläubigem Herzen seiner gedenken und seinen Namen anrufen – z. B. in der Formel *Namu – Amida – Butsu* (= Hingebung – dem Amida – Buddha). Diese tröstliche Lehre ging ebenfalls den langen Weg von Indien über China nach Japan. Und entfaltete sich dann in der **Jodo-Sekte** der Nakamura-Zeit, die heute noch die zahlenstärkste buddhistische Gemeinschaft darstellt. Der Amida-Glaube war aber auch bei Hof verbreitet. So war etwa Kaiser *Fujiwara-no Michinaga* (966–1027) ein eifriger Namensanrufer, der seine Praxis in einem Tagebuch dokumentiert hat: »*9. Monat des Jahres 1008: 1. Tag 110.000mal, 2. Tag: 150.000mal, 3. Tag: 140.000mal, 4. Tag: 130.000mal, 5. Tag: 170.000mal …*«

Der Mönch **Genshin** (942–1017) hat in seinem Buch *Ōjōyōshū* (= Grundlagen der Wiedergeburt) die wichtigsten Stellen aus den indischen Sūtras und japanischen Kommentaren und auch die kräftigsten Beschreibungen sowohl des *Westlichen Paradieses des Reinen Landes* wie auch der buddhistischen Höllen gesammelt und damit vor allem die japanische Kunst zu einer Fülle von Darstellungen angeregt, die erkennen lassen, *dass sowohl das »Reine Land« wie das »Unreine Land« in unserem eigenen Geist und Bewusstsein liegt*. Damit hat er den immer wieder durchbrechenden Dualismus überwunden und im strengen Sinne Buddhas und seiner Weigerung gehandelt, Details des Jenseits zu schildern.

Kamakura-Periode (1185 bis 1333)

In dieser Periode gelangte die Weltuntergangsstimmung der späten Heinan-Zeit zu ihrem Höhepunkt. Sie war nicht zuletzt durch den Verfall der kaiserlichen Macht bedingt und durch die allgemeine Unsicherheit, die sich durch die Machtkämpfe der Adeligen und der reichen Klöster bzw. durch marodierende Mönchskrieger-Banden ergab. Unter den Kriegerfamilien, welche der Kaiser mit der Ordnung beauftragte, taten sich besonders die beiden Familien *Heike (Taira)* und

Genji (Minamoto) hervor. Zuerst waren es die Bürgerkriege, dann die Organisation der Abwehrkämpfe gegen die Mongoleneinfälle, die nach einer starken Militärregierung riefen, welche schließlich die Familie Minamoto in Kamakura (südlich von Edo/Tokio) installierte. Diese Militärherrschaft wurde **Bakufu** genannt, und der Regent erhielt vom Kaiser den Titel **Shôgun** und wurde mit den höchsten militärischen und polizeilichen Vollmachten ausgestattet. Damit war die Aristokratie entmachtet, und es begann die große Zeit der **Samurai** (= Kriegerklasse).

Die rasante Entwicklung der **Jodo**-Sekten, **Zen**-Sekten und **Nichiren**-Sekten war offensichtlich eine Reaktion der Bevölkerung auf die allgemeine Verunsicherung und bedeutete, dass der Buddhismus in Japan tatsächlich heimisch geworden war. Hatten einfache Menschen bisher meist abergläubische Praktiken, die eigentlich taoistischen oder shintoistischen Ursprungs waren, für buddhistisch gehalten, so können sie jetzt tatsächlich auf einem guten buddhistischen Fundament den Heilsweg des Buddha gehen. Denn die drei Gemeinschaften, die heute noch den Kern des japanischen Buddhismus bilden, bleiben bei aller Vereinfachung und Umgestaltung in der Ideenwelt des Buddhismus verwurzelt.

Die **Jodo-Lehre** stützt sich auf das kleine und große Amitâyuh-Sûtra sowie auf das Amitâyurdhâna-Sûtra, die alle zwei aus dem 1. bis 3. Jh. n. Chr. stammen. Das erste beschreibt das Reine Land, in dem Buddha Amida regiert, das zweite die 48 vorzeitlichen Gelöbnisse Buddhas zur Rettung der Menschheit, das dritte lehrt die Anbetung des Buddha als das Wichtigste im menschlichen Leben und gibt als Ziel ewiges Leben und das glückselige Paradies des Reinen Landes an. Erst die Jodo-Lehre des ***Genkū*** (1133–1212), bekannt geworden unter dem Namen **Hōnen-Shōnin** vermittelte erstmals den japanischen Menschen Verlangen und Hoffnung auf ein Jenseits! Eine solche Lehre konnte auch im Volk Eingang finden – hier entstand aus einfacher Meditation tiefer Glaube. Das 18. Gelöbnis sei als Beispiel zitiert:

Wenn ich die Buddhaschaft erlangt habe, will ich die vollkommene Erleuchtung nicht an mich nehmen, bis alle Lebewesen aller zehn Himmelsrichtungen, die den Wunsch haben, in meinem Land geboren zu werden und die mei-

nen Namen wenigstens zehnmal anrufen, indem sie von der Kraft meines Gelöbnisses (= hongan) *sich tragen lassen, daselbst geboren werde.*

Nach der Jodo-Lehre soll der Mensch nicht nach einem »Jenseits-von-Leben-Tod-und-Dasein« streben, sondern soll sich mit Amida verbinden, der die Verkörperung des Lebens und Lichtes schlechthin ist, da er ja die Buddhaschaft erlangt hat. Es geht nicht um Selbsterlösung, sondern um Reue über die eigenen Schwächen und Fehler, um mystische Erhebung über irdische Begierden und um vertrauensvoll liebende Verbindung mit dem Buddha, um auch selbst Anteil an seiner Buddhaschaft zu erlangen.

Die **Shin-shu-Lehre** stützt sich auf ***Shinran-Shōnin*** (1173–1262), einen Schüler Genkūs: Der Glaube allein ist die vollständig ausreichende Ursache für die Wiedergeburt im reinen Lande. Glaube bedeutet, die eigene Ohnmacht zu erkennen und sich aus ganzem Herzen der heilenden Kraft Amida-Buddhas hinzugeben. Alles persönliche Streben, die eigene Leistung *(tiriki)*, führt ab vom rechten Weg. Deswegen wird hier nicht gefastet und spekuliert, sondern Einfalt und Unwissenheit angestrebt. Glaube versteht man als Gabe Amidas, deshalb heißt Shinrans Lehre auch »die Lehre von der fremden Kraft« *(tariki)*. Konsequenterweise ist jede Götterverehrung verboten – Amida tritt als einzige und letzte göttliche Kraft in Erscheinung. Shinran war mit Genkū in der Verbannung auf der Insel Shikoku und hat nach seiner Begnadigung dort noch zehn Jahre weiter gelehrt. 1224 verfasste er sein Hauptwerk *Kyôghyôshinshô* (= Lehre, Praxis, Glaube, Realisierung). Er ist einer der urwüchsigsten und überzeugendsten Mystiker Japans, der durch seine Heirat und Familiengründung zugleich die entscheidende Wende vom Mönchstum zum Laienbuddhismus beschritten hat und in seinen späten Briefen bezeugt, dass das **Reine Land in jedem selbst** liegt. Mit paradoxen Formulierungen wie *»Selbst diejenigen, die schwere Sünden auf sich geladen haben, sollen wiedergeboren werden, wieviel mehr nicht erst diejenigen, die nur leicht gesündigt haben« – »Selbst den Guten ist es möglich, zum Leben zu gelangen; wieviel mehr erst den Sündern« – »Ich kenne die beiden Begriffe Gut und Böse gar nicht«*, brachte er die Menschen zum Nachdenken und zum »Wagnis des Glaubens«.

Hier gibt es keine Kami-Verehrung, keine Amulette, auch keinen historischen Buddha mehr, nur Buddha-Amida als Verkörperung von Leben, Licht und Heil. Nicht zu Unrecht hat man daher diese Shin-shu-Lehre, welche die meisten Mitglieder aller Religionsgemeinschaften in Japan hat, einen »Monotheismus« genannt.

Die **Zen-Gruppen:** Ein anderer, sogar scheinbar gegensätzlicher Versuch, einfach und konsequent zu leben, ist der Weg der Kontemplation (= chinesisch *Ch'an*; japanisch *Zen*), den der Inder ***Bodhidharma*** 520 n. Chr. in China begründet hat. Kûkai hatte ihn in China kennen gelernt und in seine Shingon-Lehre eingebaut. Ausdrücklich und exklusiv gelehrt wurde der Zen aber erst durch ***Eisai*** (1141–1215) und ***Dôgen*** (1200–1253). Das Ziel des Zen ist die **Erleuchtung** *(satori)* durch Meditation. Die einzelnen Richtungen unterscheiden sich nur durch Akzente: Der *Rinzai*-Zen des Eisai ist bekannt durch Derbheit und Schärfe bei der Meditationspraxis, der *Sôtô*-Zen Dôgens dagegen setzt auf ruhige Überlegung. Es gibt keine kanonischen Bücher, aber viele Geschichten zum Nachdenklichwerden in Richtung Gedankenleere. Entscheidend ist die persönliche Betrachtung und die Vermittlung von Geist (des Lehrers; jap. *roshi*) zu Geist (des Schülers), wie es etwa die folgende Anekdote beschreibt:

Buddha saß einst auf dem Geierberg im Kreise seiner Zuhörer und drehte schweigend eine goldfarbene Blume zwischen den Fingern und blinzelte mit den Augen. Alle blickten ihn fragend an. Keiner verstand, was Buddha damit meinte. Allein über Kāshyapas Züge glitt ein Lächeln. Da sprach Buddha: Mein ist der Vollbesitz durchschauter Wahrheit, unfassbarer Nirwanageist. Den übergebe ich dem Kāshyapa.

Einer der größten Lehrer des Za-Zen (= sitzende Meditation) war *Dôgen*, er verkündete das Meditieren als Nachahmung Buddhas:

Die Erforschung des Buddhismus ist die Erforschung des Ich. Die Erforschung des Ich ist das Vergessen des Ich. Das Vergessen des Ich ist das Ich-Wiederfinden im All … Auf alle Fälle müssen wir stets den Buddhismus und die Lehre des Dharma sehr hochschätzen und üben. Das muss unsere Freude, Hoffnung und unser Wunsch sein. Jede Stunde, je-

den Tag, jedes Jahr und das ganze Leben lang müssen wir den Buddhismus üben. Wir müssen ihn als unsere Seele und unseren Geist betrachten. Wir dürfen keinen Augenblick des Lebens eitel verbringen … Der Mönch darf den Buddhismus nicht um seiner selbst willen üben, nicht der Ehre oder eines anderen Vorteils wegen, auch nicht um der besseren Zukunft wegen, oder der übernatürlichren Wirksamkeit willen; er muss den Buddhismus nur um des Buddhismus willen üben.

Darin ähnelt der Zen-Buddhist in gewisser Weise dem Buddha-Amida-Gläubigen: **Er lebt durch Buddha**. Dadurch gewinnt sein Leben einen unendlichen Wert und tiefe Bedeutung. In das tägliche Leben fließt so das Leben Buddhas ein. Dann ist das Leben und Sterben nur das Leben Buddhas. Nicht mehr nach dem ewigen Leben soll man streben oder nach einem seligen Tod, sondern mitten in der Welt der Vergänglichkeit soll man das ewige Leben Buddhas leben.

Die **Nichiren-shu** hat neben den beiden zuletzt besprochenen Richtungen die wahrscheinlich größte Rolle bei der Japanisierung des Buddhismus in der Kamakura-Epoche gespielt. ***Nichiren*** (1222–1282) war der Sohn eines armen Fischers und erlebte die Zerrissenheit der religiösen Welt Japans in der Mitte des 13. Jahrhunderts, als sich die alten Sekten gegen die neuen stellten und die neuen gegeneinander intrigierten. Nach langem Aufenthalt in Kamakura und einer soliden Ausbildung in der Tendai-Lehre wurde ihm klar, dass im Lotus-Sûtra (jap. *Myôhô-renge-kyô)* die höchste Wahrheit liege, dass aber das Studium der Sûtren für die allermeisten Menschen zu schwierig sei. Und ihm ging auf, dass bereits *im Titel* der Zustand des Erwachtseins des Buddha nachzuvollziehen sei. Es genügt, diesen Titel als Anrufung zu sprechen, um sich im Zustand des höchsten Erwachtseins zu befinden. Und daraus ergibt sich von selbst das rechte Verhalten. Und Nichiren wird klar, dass Japan das Land sei, von dem aus die Wahrheit des Lotus-Sûtra in die ganze Welt gehen muss und dass er selbst die Inkarnation eines im Lotus-Sûtra erscheinenden Bodhisattva sei, der **Jôgyô-bosatsu** (= Bodhisattva des Hervorragenden Übens). Als er sich dann in die konkrete Politik einmischte, den Mongolensturm voraussagte und offen gegen die Regierung und gegen die anderen Religionen opponierte, wurde er verbannt, schließlich sogar zum Tod verurteilt und dann ins Exil auf die Insel Sado im Japanischen Meer geschickt. Sein hohes Alter verbrachte er schließlich auf dem Berg Minobu unweit des Fuji.

Die Muromachi-Zeit (1336 bis 1573)

Diese Zeit ist geprägt von einer Schwäche der kaiserlichen Zentralregierung und einem Aufschwung des Handels, der Agrarwirtschaft und des Verkehrs – auch von sozialen Unruhen und bürgerkriegsähnlichen militärischen Auseinandersetzungen und von einer regen Werbetätigkeit buddhistischer Wandermönche verschiedenster Richtungen. Durch die besondere Nähe der **Rinzai-Sekte** zur Militärregierung gelangte sie zu vielen Vorrechten (z. B. der Abwicklung eines guten Teils des Handels mit China) und zu großem Reichtum und Einfluss. Dies zog viele Menschen nach Kyôto, in das Zentrum des Rinzai. Und man sprach bald von der »Kultur der Fünf Berge« (gemeint waren die fünf Rinzai-Haupttempel), die sich in der Entfaltung der gesamten Zen-Kultur (Architektur, Malerei, Kalligraphie, Bildhauerei, Druckkunst, Gartenbau, Medizin, Literatur) äußerte und die Basis für die späteren japanischen **Wege** *(do)* schuf, z. B. den Tee-Weg *(cha-do)*, das Blumenstecken (Ikebana), das Bogenschießen, den Schwert- und Ringkampf usw. – alles Formen der vom Zen-Geist erfüllten neuen Lebenskultur.

Die Azuchi-Momoyama- und die Edo-Zeit (1573 bis 1867)

Diese Epoche ist charakterisiert durch eine konsequente Politik der Abkapselung gegen Einflüsse von außen und durch eine straffe politische Organisation durch das neue Shôgunat, das sich in **Edo = Tokio** ein neues Zentrum schuf. Im 19. Jahrhundert – nach Beendigung des Shôgunats – wird Tokio dann auch die neue Hauptstadt des modernen Japan. Vorerst jedoch kam es zur Beendigung der Bürgerkriege, die zwischen den lokalen Militärherrschern unter Beteiligung einiger der großen Sekten ausgefochten wurden.

Oda ***Nobunaga*** (1534–1582) war der Regent im Bereich der Hauptstadt Kyoto, und er brachte die Wende, indem er daran ging, die Militärmacht der starken Tendai-Sekte zu brechen. Erst 1580, nach 10-jähriger Belagerung, wurde der Hauptstützpunkt der Tendai, der Hongan-ji-Tempel in Osaka zerstört. Die Befriedung und Einigung des Landes erreichte aber erst – nachdem Nobunaga ermordet worden war – dessen Nachfolger Toyotomi ***Hideyoshi*** (1536–1598). Er ließ sich aber durch seine Erfolge verleiten, sich mit dem damals schwachen China anzulegen. Der Plan scheiterte bereits bei der ersten Etappe in Korea. So war es sein Nachfolger ***Tokugawa Ieyasu*** (1542–1616), der im Jahr 1600 die Einigung Japans in einer entscheidenden Schlacht erreichte und seine Burg in Edo zum Sitz der neuen Regierung machte. 1603 erwarb er den Titel eines Shôgun und machte sich als neuer Chef der Zentralregierung daran, die politische und soziale Stabilität im Land wiederherzustellen. Seine drastischen Maßnahmen hatten insofern Erfolg, als er den Grundstein dafür legte, dass in den nächsten zweieinhalb Jahrhunderten der innere und äußere Frieden gesichert war – allerdings auf Kosten des Fortschritts durch völlige Abkapselung.

Davon war – neben den sehr eingeschränkten Handelsbeziehungen – vor allem die religiöse Entwicklung Japans betroffen; vor allem die seit 1549 von dem Jesuiten Franz Xaver begonnene Begegnung mit dem Christentum, die dadurch sehr behindert wurde. Der Buddhismus erhielt in dieser Zeit – bis auf die Gründung der **Ōbaku-Sekte** (»Der Wahre Rinzai«) durch den chinesischen Ch'an-Meister Yin-yuan Lung ch'i (japan. Ingen Ryûki, 1592–1673), der 1654 nach Japan kam und die neuen Trends der chinesischen Ming-Zeit mitbrachte – kaum neue Anregungen, nützte aber die Situation zur Entfaltung der jeweiligen Akzente. Der Rinzai-Mönch ***Takuan*** z. B. brachte die Fechtkunst als »Weg des Buddha« zur Vollendung und schuf damit eine Philosophie für die Anwendung aller dieser »Wege«.

In seinen *Aufzeichnungen über die Wunder der bewegungslosen Weisheit* sagte er: *Die Dinge betrachten, ohne den Geist an ihnen verharren zu lassen, heißt ›bewegungslos‹ sein. Denn wenn der Geist an den Dingen verharrt, entstehen allerlei diskriminierende Gedanken. Wenn der Geist stillsteht, bewegt er sich; wenn er nicht stillsteht, bewegt er sich nicht.*

Die einzige herausragende Persönlichkeit war der Rinzai-Meister ***Hakuin*** (1685–1768), der dieser Richtung durch die starke Forcierung des *kōan* (unlösbares Denkrätsel) als Hilfe bei der Überwindung des rationalen Denkens neue Impulse gab. Alle buddhistischen Glaubensformen, die mit der neuen Staatsdoktrin unvereinbar waren, wurden in den Untergrund abgedrängt – vor allem Gruppierungen der Nichiren-Tradition und des Amidismus.

Durch das **System der Tempelgemeinde** ***(danka)*** blieb der Buddhismus aber insgesamt stark und wurde in das Staatsgefüge integriert, weil sich jeder Haushalt in einem Tempel registrieren lassen musste. Dies galt nicht nur als Beweis, dass keine Christen darunter waren, sondern es diente als eine Art Standesregister, das z. B. die Berechtigung zu Totenfeiern für Familienangehörige im betreffenden Tempel mit einschloss – und bis heute eine gewisse Gültigkeit besitzt.

Großen Auftrieb erfuhr in dieser Zeit nur der Konfuzianismus, der zusammen mit dem (reinen) Shintoismus die religiöse Basis für die Staatsideologie und die ethischen Prinzipien der Staatsräson bildete.

Die Gegenwart

Die **Meiji-, Taishō- und Shōwazeit** (1868 bis heute) schließlich beendete das Vierteljahrtausend der Selbstabschließung Japans von den globalen Entwicklungen und brachte für den japanischen Buddhismus einige schwere Jahre, ehe im Jahr 1875 durch Gesetz die Religionsfreiheit deklariert wurde und die Verfolgungen aufhörten. Viele Gelehrte nützten die neue Freiheit zu intensiven Studien. Und erst seit dieser Zeit wurde es üblich – nicht zuletzt durch die **Gründung buddhistischer Universitäten** zu Beginn des 20. Jh. –, die Quellen des Buddhismus in den Originalsprachen Pali und Sanskrit zu studieren, was viele neue Impulse brachte.

Insgesamt beeindruckt Japan im Vergleich zu anderen buddhistischen Ländern durch die Lebendigkeit seiner buddhistischen Traditionen und durch eine erstaunliche Formenvielfalt.

DER GLAUBE DER KOREANER

Die Frühgeschichte Koreas ist noch kaum erforscht. Soviel dürfte aber als gesichert gelten, dass das Volk der Koreaner ethnographisch-kulturhistorisch als eigenständig gelten kann, der ugrisch-altaiischen Sprachgruppe angehört und überwiegend von tungusisch-mandschurischen Stämmen aus dem nordasiatischen Raum abstammt, die sich mit der nordchinesischen und koreanischen Urbevölkerung in vorhistorischer Zeit gemischt haben.

Diese brachten wohl den animistisch-schamanischen Glauben der asiatischen Steppenbewohner – also die damals in ganz Ostasien verbreitete Naturreligion der Jäger und Sammler – mit. Kleinere Gruppen kamen vielleicht auch über das Meer aus Polynesien und aus dem Malayischen Archipel und vermischten sich ebenfalls mit den Einwanderern.

Die Vorstellung überall wirksamer Geister und Dämonen *(küsin)*, deren Einflussnahme auf den Menschen durch der Beschwörung und Magie kundige »Schamanen« *(paksu)*, häufig auch Zauberinnen *(mutang)*, gesteuert wurde, die imstande waren, die Kräfte in positive Bahnen zu lenken oder abzuweisen, dürfte ein dominanter Grundzug der Religion in vorgeschichtlicher Zeit gewesen sein. Jedenfalls hat sich dieser Geisterglaube bis ins 19. Jahrhundert – trotz der fast eineinhalb Jahrtausende währenden Dominanz des chinesisch geprägten Mahāyāna-Buddhismus, der zusammen mit dem Konfuzianismus die offizielle Religion der Koreaner darstellte – stärker als in Japan und China gehalten und ist in entlegeneren Gebieten auch heute noch anzutreffen.

Einheimische Forscher, die sich in den vergangenen Jahrzehnten intensiv mit der Frühgeschichte Koreas befasst haben, haben alte Überlieferungen gesammelt, die einige Rückschlüsse auf die ursprüngliche Naturreligion ermöglichen. Der Glaube an eine Urheber-Gottheit, der in vielen nordostasiatischen Völkern nachgewiesen ist, ist auch in Korea vorhanden; er wird **Hananim** genannt. Die Vorstellungen von diesem **Himmelsgott** sind aber schwankend und reichen vom »blauen Firmament als Beweger der Gestirne« bis zu einem überpersönlichen höchsten Prinzip, »von dem alles abhängt und das Gutes belohnt und Böses rächt«.

Für die Zeit zwischen 1000 bis 500 v. Chr. hat der koreanische Forscher *Tjö Nam-syen* einen »bemerkenswert hohen und reinen Sonnenkult rekonstruiert« (Olaf Graf). **Palk** ist der Name eines Sonnengottes, welcher der japanischen Amaterasu vergleichbar ist. Er ist der Gründer eines Lichtreiches, und die Koreaner nennen sich daher ***Il-tja*** (= Sonnensöhne) und bringen an den *Palk-Mal* (= Sonnenkultstätten, besonders auf Berghöhen) Opfer dar und vollziehen auf geosteten Brandstätten einen Kult, bei dem der Sonnenaufgang eine besondere Rolle spielt. Wie beim persischen Sonnengott Ahura Mazda (Abhängigkeiten sind aber nicht nachgewiesen) fehlt auch der böse Gegenspieler nicht, er heißt **Kud** und ist das Prinzip des Dunklen und der Sünde, des Schadens und des Unglücks. Ein Mittleramt zwischen dem Sonnengott und seinen irdischen Kindern nimmt der **Olkum** (= Priester und Richter) wahr. Der erste dieser sagenhaften Priester-Richter hieß **Tan-kun** und soll vom Himmel her auf den Berg Thaipaiksan (im nördlichen Grenzbereich; vielleicht ident mit dem heute Paiktusan genannten Berg) herabgestiegen sein und die **erste Dynastie in Korea** begründet haben.

Ob und wann diese Volkssage schriftlich überliefert wurde, ist nicht feststellbar. Dieser Sonnenkult tritt auch relativ früh in den Hintergrund und wird von der Verehrung sekundärer Gottheiten und Naturgeister (der Berge, Flüsse, Quellen, des Feuers, Windes, Donners, Regens, bestimmter Bäume) überlagert. Diese Verehrung geschieht an heiligen Stätten (Hainen), wobei Reigen und Tanz um große Steine eine Rolle spielen. Es handelt sich dabei um eine Art Menhire und Dolmen, die ***Son-tol*** oder ***Koin-tol*** genannt werden und vielleicht auf den

Ursprung in einer neolithischen Megalithkultur verweisen. Als Festzeiten sind das Neujahr, Aussaat und Ernte feststellbar, was auf den Ackerbau verweist – und Frauen sollen bei diesem festlichen Kult eine wichtige Funktion als Mittlerinnen zur Geisterwelt gespielt haben. Auch Ahnenkult ist nachgewiesen, spielt aber nicht dieselbe Rolle wie in Japan oder China.

Die älteste Staatsgründung auf koreanischem Boden soll nach koreanischer Überlieferung das **Korea des Herrn Ki** gewesen sein. Dies könnte sich auf **Ki-tja,** einen Minister des letzten Shang-Kaisers, beziehen, der nach der Übernahme der Herrschaft über China durch die Chou-Dynastie im Jahre 1028 v. Chr. freiwillig eine Verbannung in der Südmandschurai auf sich nahm und das Land rund um die Stadt Oam kemseng an der Nordgrenze des heutigen Nordkorea unter seine Regentschaft brachte. Dieses fruchtbare Land ist sicherlich schon vor der Han-Zeit besiedelt gewesen, es fehlen aber völlig die Beweise für die Wahrheit dieser an sich plausiblen Überlieferung.

Gegen Ende des 4. Jh. v. Chr. erfolgte jedenfalls in Korea erst der allmähliche Übergang von der Steinzeit in die Bronzezeit. In dieser Zeit dominierten vorübergehend die **Yayoi** in Südkorea, ehe sie nach Japan weiterzogen. Dann wird der chinesische Einfluss immer stärker, bis 108 v. Chr. **Kaiser Wu-ti** (Han-Dynastie) Korea eroberte und das Land in vier chinesische Provinzen teilte. 75 v. Chr. wurden diese Provinzen dann zur großen chinesischen Provinz Lo-lang vereinigt. Um die Zeitenwende, als die Han-Dynastie eine Schwächeperiode erlitt, lösten sich die Koreaner von der chinesischen Verwaltung und bildeten drei Königreiche: im Norden **Koguryō**, im Südwesten **Paekche** und im Südosten **Silla**.

Zu dem während der Han-Zeit von China übernommenen Konfuzianismus – es gibt um die Zeitenwende bereits konfuzianische Ahnentempel *(Myo)* in Kokuryō, und das *Lunyü* (= Die Gespräche des Konfuzius mit seinen Jüngern) wird im Jahr 410 n. Chr. von Paekche aus nach Japan weitergegeben – kommt nun auch der Buddhismus in der Mahāyāna-Form von China nach Korea.

Ab dem 4. Jh. n. Chr. sind buddhistische Mönche in allen drei koreanischen Ländern nachgewiesen.

Oben: Verzierung am Kaiserpalast in Peking in Gestalt eines Drachen. Er symbolisiert die wohltätige Kraft der Natur. Unten: Die gleiche Symbolik an einem Grab in Korea.

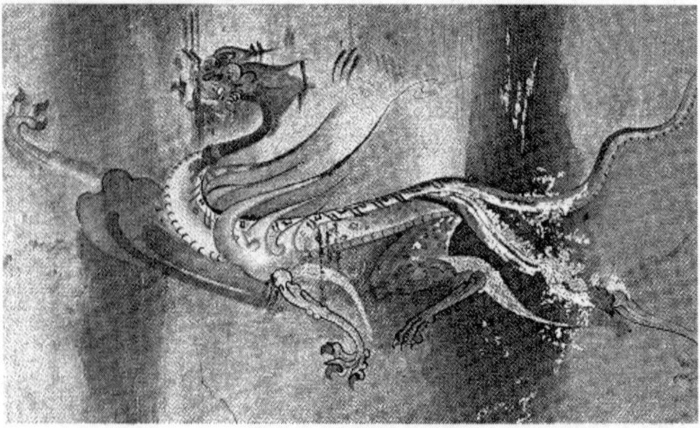

Der König von ***Koguryō*** übernimmt den Buddhismus von der mongolischen Wei-Dynastie, mit der er in Verbindung stand – zwei buddhistische Klöster sind ab 375 in Pyengjang nachgewiesen –, und macht ihn im Jahre 392 zur Staatsreligion.

Paekche wurde von Südchina (von der Residenzstadt Nanking aus) durch eine offizielle Delegation mit dem Buddhismus vertraut gemacht – der als Wundertäter gefeierte Tatarenmönch *Maramanta* soll der wichtigste Missionar gewesen sein – und übernimmt ihn im Jahre 384 als Staatsreligion.

Nur ***Silla***, das kulturell und politisch abgeschlossener war und sich langsamer entwickelte, folgt erst 528 dem Beispiel seiner beiden Nachbarn, dann aber sehr rasant, denn schon im 7. Jahrhundert sind mehr als ein Dutzend Mönche aus Silla namentlich bezeugt, die in China ausgebildet wurden.

Diese Jahreszahlen ergeben sich aus den chinesischen Annalen bzw. auch aus Aufzeichnungen in den drei Ländern, die ja schon seit der Han-Zeit die chinesische Schrift und viele andere Errungenschaften der chinesischen Kultur vom großen westlichen Nachbarn übernommen haben. Der Buddhismus war für Korea nicht nur eine hoch entwickelte Religion, die ihnen half, sich über die angestammte Naturkraftverehrung zu erheben, sondern wirkte sich auch in hohem Ausmaß als eine Zivilisationskraft aus. Die bereits sehr gereifte chinesische Kultur, die damals bereits auf eine mehr als zweitausendjährige Geschichte zurückblicken konnte, traf ja in Korea auf eine noch ziemlich unentwickelte Stammesgesellschaft.

Die Menschen in Korea, die sich dem Buddhismus anschlossen, bekamen nicht nur eine sehr vielseitige Religion, die den einzelnen Menschen als Person ungeheuer ernst nimmt und viel Wert auf seine Eigeninitiative legt, sondern erlebten auch, dass dadurch die Natur entzaubert wurde, die für die Koreaner als von Gottheiten aller Art durchwirkt schien, als Gott-Ersatz diente und dadurch den Zugang zu den geistigen Realitäten verstellte.

552 erfolgte dann die offizielle Kontaktnahme des Königs von Paekche mit dem japanischen Tenno, um ihn in den Auseinandersetzungen mit den beiden anderen koreanischen Reichen als Bundesgenossen zu gewinnen. Dieses willige »Weiterreichen« des vom westlichen Nachbarn empfangenen Buddhismus an den südlichen war ganz im Sinne des Buddha

und des Kaisers Ashoka, der als erster die buddhistische Mission als Staatsaufgabe verstanden hatte.

Einige der wichtigsten Mitarbeiter des buddhistisch orientierten Kronprinzen Shotôku (gegen Ende des 6. und Anfang des 7. Jh.) waren hervorragende Gelehrte und Künstler aus Koguryō.

668 kam es dann – mit Unterstützung eines chinesischen Heeres – zur Vereinigung der drei koreanischen Staaten unter der Führung von Silla. Der **koreanische Buddhismus** blühte in dieser Zeit des **Silla-Großreiches** auf, und herrliche Tempelbauten und Buddhastatuen (Buddha-Maitreya) in der damaligen Hauptstadt *Kyong-tju* (in der Nähe des heutigen Pusan) legen Zeugnis davon ab, dass es nicht nur einen chinesischen und tibetischen, einen birmesischen und thailändischen, einen indonesischen und japanischen – sondern auch einen eigenständigen koreanischen Buddhismus gab.

Auch der **Taoismus** (koreanisch *Tokyo)* fand den Weg nach Korea, allerdings nur in Form einer Geheimsekte, die von Astrologen und Geomanten, Zauberern und Geisterbeschwörern (koreanisch *Hoa-rangi)* bestimmt wurde. Die taoistische Zauberei und Magie fand in Korea eine gute Tradition vor und wurde auch im Volk akzeptiert und als kompetente Hilfe gegen unliebsame Beeinflussungen durch Geister und Dämonen geschätzt.

Zu Beginn des 12. Jh. schrieb der wichtigste koreanische Geschichtsschreiber der klassischen Zeit, *Kim Pusik*, die Geschichte der »Hoarangi-Sekte« auf. Im 16. Jh. wurde sie dann aber mit Bann und Interdikt belegt und erlosch.

Nach dem Sturz des letzten Silla-Großkönigs durch die Erhebung des *Oang Kon* im Jahre 919 ging die Macht im Staat auf die **Korye-Dynastie** über. Dies ist auch daraus zu entnehmen, dass sich der heute geläufige Name der ostasiatischen Halbinsel Korea von dieser Dynastie ableitete. 935 wurde die Hauptstadt von Kyong-tju in das Zentrum Koreas, nach Syongto verlegt, und der Buddhismus hatte nun geradezu eine Monopolstellung inne.

In Ermangelung großer Persönlichkeiten und kreativer Kräfte verflachte er aber in den folgenden zweihundert Jahren zusehends und wurde schließlich im 14. Jh. von der **Songkye-Dynastie**, die sich dem **Neokonfuzianismus** verschrieb, an den Rand gedrängt und erbittert bekämpft. General *I-Songkye* der Begründer dieser neuen Dynastie, machte **Hanyang-Seoul** zur neuen Hauptstadt und stützte sich beim Aufbau seiner neuen Administration auf die dem Buddhismus feindlich gegenüberstehenden Beamten, Militärs und Literaten des Landes. Außerdem stand er in engem Kontakt mit der von Kubilai-Khan im Jahre 1280 installierten *Yüan-Dynastie*, deren Zentrum das relativ nahe gelegene **Peking** war.

So entstand bald ein reger kultureller Austausch mit China, der schließlich zur Übernahme des Neokonfuzianismus als neuer Staatsdoktrin und diesseitsbezogener, auf das Wohl der Gesellschaft abgestellter Spiritualität beitrug.

Der **Neokonfuzianismus** kam in der Form des sog. *Dschu-Hsismus* nach Korea – genannt nach **Dschuh Hsi** († 1200), dem vielleicht größten Gelehrten Chinas, der in der Sung-Zeit die kanonischen Bücher und die alten Klassiker revitalisiert, neu kommentiert und systematisiert und dabei auch an die gewandelten Verhältnisse angepasst hatte – und wurde hier **Tjutjak-hak** genannt. Er ist charakterisiert durch einen strengen Monismus, der von einer edlen und zugleich gedankentiefen Ethik getragen wurde, die zutiefst altruistisch konzipiert war.

Unter dem 4. Songkye-Herrscher ***Sei-tjong*** blühten dann Kunst und Kultur nicht nur unter der Elite des Landes, sondern auch im Volk. Um den hohen Analphabetismus des koreanischen Volkes zu beheben, wurde ein neues, einfaches »Volks-Alphabet« geschaffen, das die japanische Silbenschrift ersetzte und bis heute in Gebrauch ist.

Doch schon im folgenden 16. Jh. verflachte in Ermanglung geistig führender Persönlichkeiten und vor allem auch durch den negativen Einfluss der »Yangpan-Klasse« (die Beamten- und Gelehrten-Clique, die alle wichtigen Positionen unter sich aufteilte, den hohen ethischen Anspruch des Neokonfuzianismus verloren hatte und eine ausgesprochen destruktive Rolle spielte) auch der Neokonfuzianismus sehr rasch, und Korea erlebte in der Folge einen ähnlichen Stillstand der politischen, kulturellen und religiösen Entwicklung wie Japan während der 250-jährigen Shôgun-Zeit.

Diese Beamten-Clique bekämpfte auch das gegen Ende des 18. Jh. von Peking aus nach Korea kommende **Christentum** und ging rigoros gegen seine Anhänger vor, so dass besonders 1839 und 1866 Zehntausende Christen in den Gefängnissen umkamen oder – wenn sie sich der Gefangennahme durch Flucht entzogen hatten – den Entbehrungen in den Bergen, wo sie Zuflucht zu finden meinten, zum Opfer fielen. Trotzdem setzten damals viele ihre einzige Hoffnung auf das Christentum, da ja Buddhismus und Neokonfuzianismus gescheitert waren und die eigenständige religiöse Tradition zu schwach und zu vordergründig war, um das entstandene religiöse Vakuum füllen zu können.

1860 entstand in diesem Vakuum eine **neue synkretistische Religion**, die **Tonghak** (= Östliche Lehre) genannt wurde und sich an die traditionellen Religionen Buddhismus und Christentum, aber auch an die einheimische Religion Koreas, die man damals **Synkyo** (= Religion ohne Namen) nannte, anschloss und z. B. den alten Himmelsgott Hananim miteinbezog, der in dieser Sekte in geradezu monotheistischer Art und Weise verehrt wurde. 1906 hatte diese Gemeinschaft bereits mehr als drei Millionen Mitglieder. Als es 1910 zur Annexion Koreas durch Japan kam, steigerte sich der Zulauf noch.

Die politische Ohnmacht und scheinbare Ausweglosigkeit, unter der viele denkende Koreaner in dieser Zeit litten, äußerte sich leider so, dass sie der Werbung einer Reihe messianisch-schwärmerischer Sekten nachgaben und sich. überstürzt der **Lehre vom Grünen Wald** *(Tschong-rim-kyo)* oder der »Den Himmel umspannenden Lehre« *(Thong-Tschon-kyo)* anschlossen, ohne sich viel um die Seriosität des von diesen beiden Religionsgesellschaften Gebotenen zu kümmern. Als sich dann die »Östliche Lehre« *(Tonghak)* im Jahre 1919 plötzlich in die **Lehre vom Himmlischen Tau (Tschon-to-kyo)** umbenannte und offen gegen die japanische Herrschaft agitierte, zogen viele der in ihren religiösen Ansprüchen getäuschten Anhänger ihre Mitgliedschaft frustriert zurück.

Nach der Befreiung von der japanischen Herrschaft 1945 erklärte Korea seine Unabhängigkeit, wurde aber 1948 in zwei Staaten gespalten. Die von den Siegermächten des Weltkriegs politisch festgelegte Grenze verlief genau entlang des 38. Breitengrades. Diese gewaltsame Teilung wurde im **Koreakrieg** 1950–1953, an dem die Volkrepublik China auf der Seite des kommunistischen Volksrepublik Nordkorea und die USA (mit einem UNO-Mandat) auf der Seite der Republik Südkorea in die Auseinandersetzung eingriffen, bestätigt. Der Krieg wurde schließlich durch einen Waffenstillstand beendet.

Die Verhandlungen über eine Wiedervereinigung begannen 1973, haben aber erst im Jahr 2001 zu einer deutlichen Annäherung geführt, gerieten aber 2003 wieder durch das »Atomprogramm« Nordkoreas in eine Krise. Durch die jahrzehntelange Teilung wuchs etwa ein Drittel der Koreaner (Nordkorea hat ca. 19 Mill. Einwohner; Südkorea 40 Mill.) **religionslos** auf.

Feier des 2.505. Geburtstags des Konfuzius (am 27.8.1954) in der Sung-Kjun-Kwan-Akademie in Seoul/Südkorea mit einem kultischen Tanz.

Doch auch in Südkorea haben die in der Vergangenheit dominierenden Religionen (animistischer Geisterglaube, Buddhismus und Neokonfuzianismus) viel an Einflusskraft verloren. Das in Japan nach 1945 feststellbare große Interesse am

Religiösen (mit starkem Trend zu neuen, unkonventionellen Religionsgemeinschaften unter Beibehaltung gewisser Elemente aus den drei Hauptreligionen) gilt auch für Südkorea, doch in wesentlich schwächerer Form; wobei das Christentum großen Zuspruch fand (vor allem die römisch-katholische Kirche konnte in manchen Jahren ein Wachstum von bis zu 10 Prozent verzeichnen). Genaue Zahlen gibt es aber nicht, weil die meisten neuen religiösen Gruppierungen keinen offiziellen Status haben.

Verwendete Literatur

Béky, Gellért: Die Welt des Tao, Freiburg/Br. 1972.

Ching, Julia: Art. »Heilige Schriften, Abt. V.: China« und »Konfuzianismus«, in: Lexikon der Religionen, Hg. von Franz König-Hans Waldenfels, Freiburg/Br. 1987, S. 265 und 351.

Dschuang Dsi – Das wahre Buch vom südlichen Blütenland, hg. v. Richard Wilhelm, Düsseldorf 1981.

Eder, Matthias: Die Religion der Chinesen, in: Christus und die Religionen der Erde. Hg. von Franz König, Bd. III, Wien 2. Aufl. 1956, S. 319–374.

Eliade Mircea: Die Religionen des alten China, in: Ders.: Geschichte der religiösen Ideen Bd. II. Freiburg/Br. 2. Aufl. 1979, S. 11–44.

Glasenapp, Helmuth von: Die fünf Weltreligionen. München 2001.

Graf, Olaf: Abriss der Religionsgeschichte Koreas, in: Christus und die Religionen der Erde. Hg. von Franz König, Bd. III, Wien 2. Aufl. 1956, S. 375–392.

Hardon John, A.: Gott in den Religionen der Welt (Konfuzianismus, Taoismus, Shintoismus), Luzern 1967.

Heinemann, Robert K.: Erlösung durch Glauben und Selbstbefreiung durch Einsicht im Buddhismus Japans, in: Die Welt des Buddhismus, München 2002, S. 212–230.

Hemleben, Johannes: Teilhard de Chardin, Reinbek 1966.

Hierzenberger, Gottfried: Der Glaube der Chinesen, Japaner und Koreaner, in: Der Glaube der Menschen, hg. von Franz König, Wien, 2. Aufl. 1996, S. 163–186.

I Ging – Das Buch der Wandlungen, hg. v. Richard Wilhelm, Düsseldorf o. J. (1956).

Küng, Hans, Spurensuche. Die Weltreligionen auf dem Weg, München 2001.

Laotsei Tao te king – Das Buch vom Sinn und Leben, hg. v. Richard Wilhelm. Düsseldorf 1980.

Lexikon der Religionen, Hg. von Franz König-Hans Waldenfels, Freiburg/Br. 1987.

Liä Dsi – Das wahre Buch vom quellenden Urgrund, hg. v. Richard Wilhelm Eugen, Düsseldorf 1980.

Lyrik des Ostens. Gedichte der Völker Asiens vom Nahen bis zum Ferne Osten, München 1978.
Maspero, Henri: Die Suche nach Unsterblichkeit (Taoismus), in: Geschichte der religiösen Ideen, hg. von Mircea Eliade, Bd. III/2, Freiburg/Br, 1991, SS. 55–88.
Naumann, Nelly: Schintô und Volksreligion – Japanische Religiosität im historischen Kontext, in: Geschichte der religiösen Ideen, hg. von Mircea Eliade, Bd. III/2, Freiburg/Br, 1991, SS. 304–324.
Numazawa, Franz Kiichi: Die Religionen Japans, in: Christus und die Religionen der Erde. Hg. von Franz König, Bd. III, Wien 2. Aufl. 1956, S. 393–438.
Olvedi, Ulli: Das stille Qi Gong nach Meister Zhi-Chang Li. München 1998.
Smart, Ninian: Die großen Religionen (8. China; 9. Japan), München 1981.
Zürcher, Erik: Buddhismus in China, Korea und Vietnam, in: Die Welt des Buddhismus, München 2002, S. 193–211.

Topos plus Grundwissen Religion
Informativ – kompetent – objektiv

Gerhard Hartmann
Daten der Kirchengeschichte
ISBN 3-7867-8476-0

Jos Rosenthal
Der Prozess Jesu
18 Stunden bis zur Hinrichtung
ISBN 3-7867-8475-2

Gottfried Hierzenberger
Engel und Dämonen
ISBN 3-7867-8492-2

Gottfried Hierzenberger
Heilige und Heroen
ISBN 3-7867-8493-0
Erscheint 2004

Gottfried Hierzenberger
Maria – Die weibliche Dimension Gottes
ISBN 3-7867-8494-9
Erscheint 2004

Rudolf Simek
Der Glaube der Germanen
ISBN 3-7867-8495-7
Erscheint 2004

Gottfried Hierzenberger
Der Glaube der Atheisten
ISBN 3-7867-8496-5
Erscheint 2004

Die Reihe wird fortgesetzt

Topos plus Grundwissen Religion

Informativ – kompetent – objektiv

Ferdinand Dexinger
Der Glaube der Juden
ISBN 3-7867-8474-4

Gottfried Hierzenberger
Der Glaube der Muslime
ISBN 3-7867-8468-X

Gottfried Hierzenberger
Der Glaube der Hindus
ISBN 3-7867-8469-8

Gottfried Hierzenberger
Der Glaube der Buddhisten
ISBN 3-7867-8470-1

Gottfried Hierzenberger
Der Glaube der Chinesen und Japaner
ISBN 3-7867-8471-X

Gottfried Hierzenberger
Der Glaube der alten Griechen und Römer
Topos plus ISBN 3-7867-8472-8

Gottfried Hierzenberger
Der Glaube in den alten Hochkulturen
Ägypter, Mesopotamier, Indoeuropäer, Altamerikaner
ISBN 3-7867-8473-6

Gottfried Hierzenberger
Der Glaube der Urmenschen
ISBN 3-7867-8491-4

Die Reihe wird fortgesetzt